教職実践演習（中・高）ハンドブック

天理大学教職課程 編

あいり出版

はじめに

　「教職」とは、学校という現場において、一人一人の生徒たちが備えている人としてのすばらしい素質を引き出し、将来、それぞれの個性を生かしながら、自分自身の能力を十分に発揮して生きていってもらえるように、教育的にはたらきかけていく仕事である。

　教師として生徒にかかわるということは、生徒の未来に影響を与えるということであり、その果たす役割は大きく、責任は重い。

　大学の4回生の秋学期に設定されている「教職実践演習」は、みなさんのこれまで4年間を通しての教職課程での学びをもう一度振り返り、さらに教育実習での実体験をふまえながら、これからの教職の実践に備えるという、いわば教職課程の総まとめの授業である。

　このハンドブックは、途中のワークや小学校での授業観察、ロールプレイ、模擬授業の実施などの実践的な内容にも取り組んでもらいつつ、一冊を読み通してもらうことで、これまでの学びを振り返りながら、その総まとめの作業ができるように構成されている。

　授業での本書の使用を通して、教育実習を終えたいまだからこそ見えてくる、かつての学びの意味をしっかりととらえ直してもらい、これまではバラバラだったかもしれない各教科での学びの内容を有機的につなぎ合わせて、これからの「教職実践」のためのベースをそれぞれの身にしみ込ませていってもらえたら、と願っている。

　奇しくも今年は、日本において「学制」が公布された1872年から、ちょうど150年の年になる。「学制」が公布された年というのは、官立の「師範学校」が創立された年でもあり「公的な教師」という職業が世に生まれた年であると考えることもできよう。

　その後、師範学校からは多くの教師が排出され、その教えを受けた生徒がまた教師となり、その教師の教え子がまた教師となって、その教えのリレーの果てに、今の学校教育というものがあるわけである。

　学制の施行直後の就学率は約28％であったものが、現在では99.9％を超えており、この数字の大きさは世界第一位なのだという。そしてこれは、当たり前のようでいて、実に偉大な一つの達成であるということができよう。教職を志すということは、この長年をかけて成し遂げられてきた偉業の一端に連なろうとすることなのである。

　これから先、少子化や、ICTをはじめとした新しい教育方法の導入などにより、学校教育のありようは大きく様変わりするかもしれない。しかしどんなに教育のかたちが変わっても、変わらないもの、変えてはいけないものがあるのではないだろうか？

　「それはなんなのか？」ということにも思いを馳せてもらいながら、このハンドブックをひもといてもらえたら、著者一同のよろこびです。

著者を代表して　仲　淳

目　次

（1）協同学習とその技法
（2）ワークショップ型授業に使えるアクティビティ　〜開発教育のアクティビティから〜

第1章　教職実践演習（オリエンテーション）

1　教職実践演習とは

　教職実践演習とは、1954（昭和29）年の「教育職員免許法施行規則」（文部省令第26号）第2条第1項の表備考の次の規定に基づいて実施される教職の専門に関する科目で、教育職員免許状を取得するための必修科目である。

> 「十　教職実践演習は、当該演習を履修する者の教科及び教職に関する科目（教職実践演習を除く。）の履修状況を踏まえ、教員として必要な知識技能を修得したことを確認するものとする（次条第一項、第四条第一項、第五条第一項、第九条及び第十条の表の場合においても同様とする。）」

　教職実践演習は、中央教育審議会「今後の教員養成・免許制度の在り方について（答申）」（2006年7月11日）の中で提唱された。そこには、その趣旨・目的として

> 「教職実践演習（仮称）は、教職課程の他の授業科目の履修や教職課程外での様々な活動を通じて、学生が身に付けた資質能力が、教員として最小限必要な資質能力として有機的に統合され、形成されたかについて、課程認定大学が自らの養成する教員像や到達目標等に照らして最終的に確認するものであり、いわば全学年を通じた「学びの軌跡の集大成」として位置付けられるものである。学生はこの科目の履修を通じて、将来、教員になる上で、自己にとって何が課題であるのかを自覚し、必要に応じて不足している知識や技能等を補い、その定着を図ることにより、教職生活をより円滑にスタートできるようになることが期待される」

と示されている。

　このような科目の趣旨を踏まえて、本科目では、教員として求められる以下の4つの事項を含めることが求められている。

　　①　使命感や責任感、教育的愛情等に関する事項
　　②　社会性や対人関係能力に関する事項
　　③　幼児児童生徒理解や学級経営等に関する事項
　　④　教科・保育内容等の指導力に関する事項

2　到達目標並びに指標

　上の4つの事項それぞれについて、中央教育審議会「今後の教員養成・免許制度の在り方について（答申）」（2006年7月）には、次のような到達目標及び目標到達の確認指標が示された。

含めることが必要な事項	到達目標	目標到達の確認指標例
①　使命感や責任感、教育的愛情等に関する事項	ア　教育に対する使命感や情熱を持ち、常に子どもから学び、共に成長しようとする姿勢が身に付いている。 イ　高い倫理観と規範意識、困難に立ち向かう強い意志を持ち、自己の職責を果たすことができる。 ウ　子どもの成長や安全、健康を第一に考え、適切に行動することができる。	1)　誠実、公平かつ責任感を持って子どもに接し、子どもから学び、共に成長しようとする意識を持って、指導に当たることができるか。 2)　教員の使命や職務についての基本的な理解に基づき、自発的・積極的に自己の職責を果たそうとする姿勢を持っているか。 3)　自己の課題を認識し、その解決に向けて、自己研鑽に励むなど、常に学び続けようとする姿勢を持っているか。 4)　子どもの成長や安全、健康管理に常に配慮して、具体的な教育活動を組み立てることができるか。
②　社会性や対人関係能力に関する事項	ア　教員としての職責や義務の自覚に基づき、目的や状況に応じた適切な言動をとることができる。 イ　組織の一員としての自覚を持ち、他の教職員と協力して職務を遂行することができる。 ウ　保護者や地域の関係者と良好な人間関係を築くことができる。	1)　挨拶や服装、言葉遣い、他の教職員への対応、保護者に対する接し方など、社会人としての基本が身についているか。 2)　他の教職員の意見やアドバイスに耳を傾けるとともに、理解や協力を得ながら、自らの職務を遂行することができるか。 3)　学校組織の一員として、独善的にならず、協調性や柔軟性を持って、校務の運営に当たることができるか。 4)　保護者や地域の関係者の意見・要望に耳を傾けるとともに、連携・協力しながら、課題に対処することができるか。
③　幼児児童生徒理解や学級経営等に関する事項	ア　子どもに対して公平かつ受容的な態度で接し、豊かな人間的交流を行うことができる。 イ　子どもの発達や心身の状況に応じて、抱える課題を理解し、適切な指導を行うことができる。 ウ　子どもとの間に信頼関係を築き、学級集団を把握して、規律ある学級経営を行うことができる。	1)　気軽に子どもと顔を合わせたり、相談に乗ったりするなど、親しみを持った態度で接することができるか。 2)　子どもの声を真摯に受け止め、子どもの健康状態や性格、生育歴等を理解し、公平かつ受容的な態度で接することができるか。 3)　社会状況や時代の変化に伴い生じる新たな課題や子どもの変化を、進んで捉えようとする姿勢を持っているか。 4)　子どもの特性や心身の状況を把握した上で学級経営案等を作成し、それに基づく学級づくりをしようとする姿勢を持っているか。
④　教科・保育内容等の指導力に関する事項	ア　教科書の内容を理解しているなど、学習指導の基本的事項（教科等の知識や技能など）を身に付けている。 イ　板書、話し方、表情など授業を行う上での基本的な表現力を身に付けている。 ウ　子どもの反応や学習の定着状況に応じて、授業計画や学習形態等を工夫することができる。	1)　自ら主体的に教材研究を行うとともに、それを活かした学習指導案を作成することができるか。 2)　教科書の内容を十分理解し、教科書を介して分かりやすく学習を組み立てるとともに、子どもからの質問に的確に応えることができるか。 3)　板書や発問、的確な話し方など基本的な授業技術を身に付けるとともに、子どもの反応を生かしながら、集中力を保った授業を行うことができるか。 4)　基礎的な知識や技能について反復して教えたり、板書や資料の提示を分かりやすくするなど、基礎学力の定着を図る指導法を工夫することができるか。

3　シラバスと到達目標との関連

　教職実践演習の授業のシラバスと、2で述べた到達目標との関連は、およそ次のようになる。

	授業計画	授業の概要とねらい	到達目標との関連
①	オリエンテーション　教職履修カルテによる学修の振り返りと自らの課題	「教職実践演習」の目的、進め方、評価などについて知り、教職履修カルテなどをもとに、これまでの学修を振り返り、教職実践演習における自らの課題を明らかにする。	①-ア　①-イ
②	教職の意義と教育の制度についてまとめよう	教職の意義について、教育とはなにかという観点から振り返り、教員の役割や教員に求められるありようについて考えよう。	①-ア　①-イ　②-ア
③	教育実践に生かすための心理学の知見を整理する	教育実践において重要な心理学的知見（発達・学習・やる気・人格・評価・コミュニケーション）について整理して理解する。	①-ウ　③-ア　③-イ　③-ウ
④	生徒理解と保護者対応、教育現場における協働関係について	講義やグループワークを通して、生徒理解、保護者との関係構築、他の教職員との連携の重要性について学び、あわせて教員のメンタルヘルスについてもふれる。	②-イ　②-ウ　③-ア　③-ウ
⑤	小学校での授業観察から考える（1）	小学校での学校現場研修（授業観察）をもとに、各自の教育実習等での経験等と比較しながら省察することを通して、中学校・高等学校での教育実習で身につけた実践知についての理解を一層深める。	③-イ　④-イ
⑥	小学校での授業観察から考える（2）	グループ討議をとおして、学校現場研修の省察を行い、授業についての見方や考え方を深め、校種による指導の違いや校種間連携について考える。	③-イ　④-イ
⑦	学級経営と構成的グループエンカウンター	学級経営について学ぶ意義や学級集団の状態を理解するための枠組みについてふれ、合わせて構成的グループエンカウンターの手法を学ぶ。	③-ア　イ　ウ
⑧	進路指導（キャリア教育）の実践について	進路指導（キャリア）教育について知識を整理し、キャリア・カウンセリングの模擬練習などを通して、実践的に学ぶ。	③-イ　④-ア　④-イ　④-ウ
⑨	特別支援の必要な生徒に対するかかわりについて考える	特別支援教育について、自分が持っている知識の確認と、グループでのシェアリングなどを通して、新たな知見を獲得する。	①-ウ、③-イ、④-ウ
⑩	特別活動について	特別活動の授業の目的や内容について振り返り、校外学習の企画をグループで行うことをとおして、学校行事の企画等についての実践力の向上を図る。	③-ウ　④-ア、イ、ウ
⑪	総合的な学習の時間とその実践	総合的な学習の時間について、授業を構想したり、授業の実践例に触れることを通して、教員として大切な授業力を育成する。	④-ア、イ、ウ
⑫	道徳教育・人権教育をめぐる課題を知って、実践力を高めよう	「特別の教科道徳」の設置過程について、教職に関する科目で学んだことを振り返り、学習指導案の作成、模擬授業、グループワークを通じて実践力を養う。	④-ア、イ、ウ
⑬	人権教育をめぐる課題を知って、実践力を高めよう	教育実践に欠かせない人権教育に関する知見を獲得する。	①-イ　②-ア　③-ウ　④-ア、イ、ウ
⑭	教職実践におけるICT活用	ICTを活用した教育の必要性について学び、ワークを通してICTを活用した教育実践について考える。	④-ア、イ、ウ
⑮	教職実践における自己省察について	教員の成長に欠かせない自己省察（リフレクション）について、自らの教育実習の実践についても振り返りながら理解する。	①-ア　④-ア、イ、ウ

```
 Work
```

教職履修カルテをもとに、これまでの学修を振り返ろう！！

（1）教職履修カルテの記入

教職履修カルテ（別紙）に、現在の自分の状況を自己評価して記入してみよう

（2）カルテに基づいて、自らの課題を書いてみよう。

第2章　教職の意義と教育の制度について改めて整理しておこう

1　「教育」とは何か―教職の意義について

　もし「教育とは何か」と改めて問われたとしたら、みなさんはどのように答えるだろうか？これまで学校で過ごしてきた経験をもとに、みなさんそれぞれに"教育とは、〇〇だ"というイメージがあると思われる。もとより、たった一つの正しい答えがあるわけではないし、みなさんそれぞれの経験にもとづくイメージ・価値観は大切にしてほしい。その上で、みなさんが「教育」としてイメージする"当たり前"の姿とは本当に当たり前なのか、という問いについて、まず考えてみよう。

　たとえば『広辞苑』という辞書で「教育」の項目をひくと、「①教え育てること。望ましい知識・技能・規範などの学習を促進する意図的な働きかけの諸活動」、「②　①を受けた実績」と記載されている。ひとまず「教育」の定義とは、読んで字の如く「教え育てること」、だと言える。しかし、辞書的な定義を暗記したとしても、「教育とは何か」ということについて「分かった」ということにはならない。なぜなら、「教える」ことと「育てる」ことの間にはどのような違いがあるのか、「望ましい知識・技能・規範」とはいつ誰がどのように決めるのか、「学習を促進」してもらうにはどのような工夫が必要なのか、教育を受けた「実績」（＝学歴）を教育そのものと見なしてよいのか、・・・などの様々な問題について、考えを深める必要が残っているからである。

　「教育」の定義は様々に考えられるが、たとえば教育学者の大田堯は、以下のように述べている。「人間という動物にとって遺伝や与えられた環境は重い条件ではあるが、それはあくまで条件であって、それらの条件を自分のもち味、個性にどう転化していくかは、本人の生き方の選択にかかっているのです。教育という仕事は、煎じつめるとそういう本人の選択を助けたり、励ましたり、方向を暗示したりすることなのです。これは大変しんどくて、また危険がいっぱいのおそろしい仕事であることはいうまでもありません。それでも教育なしには人は人になれないというところに、親や教師にとって切ないところがあるのです」（『教育とは何かを問い続けて』7頁）。

　ここで「教育という仕事」とは、本人（子ども）の成長を助けたり生き方の選択を励ましたりするもの、とされている。この点は、みなさんが元々持っていたイメージに近いのではないだろうか。しかし、同時に、「危険がいっぱいのおそろしい仕事」でもあること、「それでも教育なしに人は人になれない」ことも、主張されている。教育の「危険」や親・教師の「切なさ」について、みなさんはどのようなものだと考えるだろうか？

　上述した大田堯は、「教える」と「育てる」の間の違いと関係性について以下のように論じている。

　　教育ということばについて、私たちを長年とらえてきた観念は、何かを相手に教えること（説得）がまず先行しています。そして、相手の内面から"わきまえる"力、分別を引き出し、<u>育てるということが、教えることに従属してしまう傾向があります</u>。ここがまさに問題なのであって、「教」と「育」とを逆転させるような発想に立ちかえることが必要であると思いま

す。〔中略〕<u>教える、学ぶということは、ヒトが人になるために欠くことのできないいとなみ</u>であることは重々みとめなくてはなりません。<u>しかし教えること自体が目的となると、それは一方的に教えるものに対して同化を求めるだけにおわりがち</u>です。教えることはたしかに大切ですが、人間性の本質である"わきまえる"力、分別を深め育てるためにこそ教えるのだという関係で教育を理解することが必要だと考えます。(『教育とは何か』117頁、下線は筆者)

　ここで大田が投げかけているのは、「教育」をめぐる私たちの先入観・固定観念（"当たり前"のイメージ）において「育てること」が「教えること」に従属していないだろうか、という問いだ。「教育」という言葉をあえて「教」と「育」に切り分けることで、「教えること」——大人（教師）から子ども（生徒）へ一方的に知識や技術を伝えること——だけが先行してしまっては、相手を「育てること」にはかえってつながらない、という「危険」に注意が向けられている。しかし、教え込みや価値観への同化を避けるために、"教育は不要だ""教えない方が良い、全て子ども自身の思うままに任せれば良い"と考えるわけにもいかない。本人（子ども）の自律性・自立性を高めるためにこそ他者（親・教師や友人など）からの他律的な働きかけが必要であり、「ヒト」（生物・種族としての人間）が「人」（文化的社会的存在としての人間）になるためには、やはり「教育」は欠くことができない重要な営みだからである。

Work1

みなさんのこれまでの経験を振り返って、「何かを学んだ」「自分は成長した」と感じるのは、いつ・どのような場面だったでしょうか。また、そこでの学び・成長とは、何がどのようになったことだったでしょうか。縦軸に時間、横軸に場所（学校内外、人間関係）をとって四分割した領域ごとに、それぞれ具体的に書き込んでください。

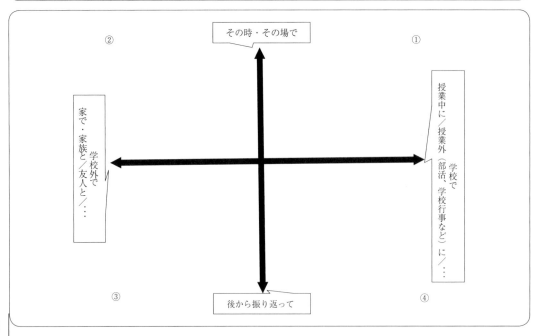

Work1 の作業は、どうだっただろうか。教職・教師という視点から、改めて振り返ってみよう。まず、①の部分（第一象限）は、学校の授業（板書やテスト）を通じて様々な知識・技能を深めるという領域になっているはずだ。みなさんがイメージする「教育」の姿や教師の仕事の中心的な内容を為しているのではないだろうか。

他方で、学校の中といっても、授業外での活動や教師以外との交流をあげてくれた方も多いのではないだろうか。また、②の部分（第二象限）での学校外での領域は、たとえば家族と食事をする（身長・体重が増える）ことなどは、意図的・計画的・組織的に〈教える―教えられる〉というイメージからは外れるかもしれないが、〈育てる―育てられる〉という関係性もみなさんの学び・成長にとって重要な位置を占めているはずである。教師・教職という仕事では、授業外・学校外の子どもの状況も視野に入れながら、望ましい「教育」のあり方を考えていくことも必要である。

最後に、③・④の部分について、「教育」という営みは未来・将来に関わるものだということがある。みなさん自身の経験を振り返って、"その時・その場では（在学時には）分からなかったけど、後からその重要性を実感した"という先生の一言や学習内容などに、心当たりはないだろうか。現場の教師たちは、その時・その場で目の前の相手（子ども）をしっかりと受け止めることはもちろん、その先の成長のあり方についても、何らかの見通しとそれに基づく意図を持って接している。もとより、未来のことは教師にも誰にも確実なことは分かりようがない。だからこそ、教壇に立った後も、生徒理解を深め、現代社会と教育との関連性を考えるなど、教師としての研鑽を積み続ける必要があるのである。「教育とは何か」という問いに唯一の正答は想定できないからこそ、より良い教育を実現するために教師としてどのようにあるべきか、常に考え続けて欲しい。

2　教育制度と教育法規―現代日本における義務教育制度の特徴

教育制度（国・自治体などによる法律・組織の整備によって形作られてきたもの）と聞くと、何だか堅苦しいなと思う人や、教育を拘束・制約するものというイメージを持つ人も多いと思われる。もちろん、教育に関する法律は守るべき規範として制定されているし、特に経費負担・運営責任などに関して国・自治体によって学校は管理統制されている。ただ、上述してきたように、教育という営みは、目の前の子どもたちの存在が多様であり未来という時間軸に関わるものである以上、教師や教育現場には創意工夫や臨機応変な対応が本源的に必要である。教育制度は、こうした教育・教師の自由な創意工夫を保障・奨励する側面も持っている。教育に関する制度・法律は、その内容を暗記するだけでなく、「何のために」作られているのかという点にも注目してほしい。

さて、学校制度の成り立ちについて、簡単に振り返ってみよう。【図 2-1】は、近世（江戸時代）の「寺子屋」を描いたものとされている。寺子屋は「手習塾」とも呼ばれるように、「学校」ではなく習字などを考える民間経営の「塾」であった。寺子屋の教育内容や経営について幕府・藩はほとんど関与せず、教育に関する法律も存在しなかった。また、寺子屋の「師匠」には、寺子の尊敬を集め経営を維持することができれば、誰でもなることができた（教員免許は不要）。教育内容については、基本的な読・書・算盤を中心とするもので、身分・家業・性別に応じて、登校時間や入塾料・授業料、学習進度・範囲などにそれぞれ幅が持たせられていた。個別指導・自学自習を中心

としたフレキシブルな教育だったと考えられる一方で、身分・性別の差によって教育内容・教育機会の平等性に大きな格差が設けられていた（法律・制度によりその格差が解消されることはなかった）とも考えられる。

図 2-1（左）：渡辺崋山「一掃百態図」1818 年
　　　　　　田原市博物館 HP（http://www.taharamuseum.gr.jp/collection/c002.html）
　　　　　　より
図 2-2（右）：土方幸勝編『師範学校小学教授法』（東京書林、1873 年）

　近世（江戸時代）における私的な教育の状況は、近代（明治時代）以降に大転換を迎える。1872年に「学制」と呼ばれる最初の近代的学校制度に関する法令が制定され、「家に不学の人なからしめん事を期す」として全ての国民に身分・男女の別なく平等に教育の機会を与えるという理念が示された。こうして、日本全国で一律の教育内容を施すために、国家が教育を管理するための教育行政機関として文部省が設立、教育行政の執行基準として教育法規（教育に関する公的な法律・規則）が制定され、教育に関する公務員（教員）に教員免許状を発行するなどの様々な教育制度が作られていった。黒板・机・椅子という教育空間や、1人の教師が大勢の生徒に一斉に教えるというスタイルも、この時に確立された【図 2-2】。とはいえ、当時はまだ授業料が高額（教育予算の国家負担が低調）だったため、実際の就学率は非常に低調であった。初等教育段階の就学率が 90% 以上を達成するのは、義務教育の授業料非徴収の原則が確立される 1900 年（第三次小学校令）以降のことになる。ひとまず、近代（明治時代）以降に教育の機会均等を目指した教育制度・教育法令によって「学校」は形作られてきた、とまとめることができる。

Work2

この 10 年間で、大きく変わった教育制度・教育法令には、どのようなものがあるでしょうか。自分が気になるものを一つ挙げて、a 何がどのように変わったのか、b そのように変更した理由や背景、狙いとは何であったのか、調べた内容を具体的に書き込んでください。

　現代の教育制度は、日本の敗戦後に制定された日本国憲法（1946 年公布、1947 年施行）と教育基本法・学校教育法（1947 年）を中心に、その原型が整えられた。もう一度教育制度をめぐって、教育法規には体系性があることを確認しておこう。すなわち、国家の最高法規としての 憲法 を最上位として、国会が制定する 法律 、内閣・省が制定する 政令・省令 、文部科学大臣などが発令する 告示・訓令・通達・通知 があり（そのほか、国家間での国際法としての 条約 、各地方議会がその地方公共団体の範囲だけに適用するルールとして定める 条令 がある）、上位の法規が示した理念的・抽象的な内容を下位法規によって具体化する、という構造をもっている【図 2-3】。

　たとえば、日本国憲法の第二六条では、「すべて国民は、法律の定めるところにより、その能力に応じて、ひとしく教育を受ける権利を有する」、「その保護する子女に普通教育を受けさせる義務」を持ち義務教育は「無償とする」、と定めている。この 憲法 が定める教育権（学習権）の保障と義務教育の無償制を具体的に達成するために、 法律 として教育基本法の第五条第四項（旧法では第四条第二項）で国公立学校での「義務教育については、授業料を徴収しない」こと、および学校教育法の第一六・一七条で保護者は自分の子どもを「普通教育を受けさせる義務」があることが定められている。

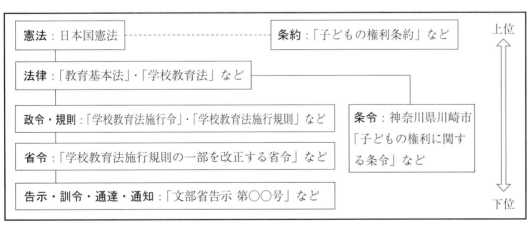

【図 2-3】：教育法規体系の簡略図

　憲法と教育基本法・学校教育法が定める義務教育制度の特徴として、①義務性・②無償性と③中立性の三つの柱が挙げられる。①義務性については、上述したように、義務が課されるのは保護者であり、その保護者に課された義務の履行を国・地方公共団体が支えなければならない、ということになる（子どもに教育を受ける義務があるわけではない）。その際、貧困などの経済的な理由で学校に行くことができなければ、全ての国民に等しく義務教育の機会を提供することもできないので、教育費を公的負担するという②無償性は義務制と表裏一体の関係にある。

　③中立性については、教育基本法の第一四条で「良識ある公民として必要な政治的教養は、教育上尊重されなければならない」としつつ、第二項で「特定の政党を支持し、又はこれに反対するための政治教育その他政治的活動をしてはならない」として政治的中立性について定めている。ここで禁止されているのは、あくまで教員が自身の政治的立場を子どもに強要することであって、憲法や政治の仕組みについて授業で学ぶという政治教育は尊重すべきだともされている。また、教育基本法の第一五条では、国公立の学校は「特定の宗教のための宗教教育その他宗教的活動をしてはならない」とされる一方で、「宗教に関する寛容の態度、宗教に関する一般的な教養及び宗教の社会生活における地位は、教育上尊重されなければならない」として、宗教的中立性についても定めている。宗教教育が禁止されているのはあくまで国公立学校であり、私立学校では宗教教育の自由が認められている。この点に関わって、教育基本法第八条では、「私立学校の有する<u>公の性質</u>及び学校教育において果たす重要な役割にかんがみ、国及び地方公共団体は、その<u>自主性を尊重</u>しつつ、助成その他の適当な方法によって私立学校教育の振興に努めなければならない」とされている。まず、私立学校も「公の性質」を持つ、とされている点に注目してほしい。私立学校でも学習指導要領を踏まえた教育活動を行っているという点で、国民全体のための学校教育としての「公の性質」を備えているからである。その上で、“建学の精神”としての教育理念や教育課程における宗教教育の自由などは、私立学校の教育としての自主性・独自性を尊重・振興しなければならない、とされている。

　以上のように、現代の日本における教育制度は、子どもの持つ「教育を受ける権利」を保障するために、義務性・無償性・中立性という制度原理によって教育の機会均等を図る、という構造を持っている。教育制度・教育法規は、禁止・制約という側面も持つが、本源的にはより良い教育を実現するために制定されたものであり、教育の自主性や創意工夫を奨励するという側面を持っている。もとより、社会状況の変化に応じて、教育制度・教育法規は変わっていくもの、変えていくべきものである。今日の学校を規定する教育制度・教育法規がどのようになっているのか、学校が直面する課題に対応するためにそれをどのように改善すべきなのか、今後も考え続けて欲しい。

Work3

みなさんが理想とする良い学校とは、どのような学校でしょうか。a その理想の学校を実現するために、今日の学校が抱えている解決すべき課題・問題点とは何か、具体的に一つ挙げてください。b その課題の改善のためには、どのような教育制度・教育法令の更新・創設が必要でしょうか。実現可能性（予算・財源の問題など）は問わないので、自由に構想した内容を書き込んでください。

【引用文献】

新村出編　2018　『広辞苑』第 7 版　岩波書店

大田堯　1990　『教育とは何か』　岩波書店

大田堯　1983　『教育とは何かを問い続けて』　岩波書店

【参考文献】

田中正浩編著　2020　『学びを深める教育制度論』　大学図書出版

井藤元編　2017　『ワークで学ぶ教職概論』　ナカニシヤ出版

辻本雅史　2012(1999)　『「学び」の復権──模倣と習熟』　岩波出版 (角川書店)

第3章　教育実践に生かす心理学

はじめに

　今日の教育現場は、不登校やいじめ、コミュニケーションの問題など、かつてないよりきめ細やかな生徒へのかかわりが求められる状況になってきている。教師の熱意や指導力がしっかり生徒に伝わって実を結ぶためには、生徒の気持ちや思いを正しく理解することが必要であり、その理解をもとに、生徒たちとかかわっていくことが重要になってきているのである。生徒たちをよりよい方向に導き、個々の成長を促すためには、心理学の知識が必須となる時代がきているといえよう。

　そこで本章では、心理学の中でも、教育実践において特に重要と考えられる、「発達」「学習」「やる気」「人格（個性）」「教育評価」「コミュニケーション」について、整理をしておくこととする。

1．発達

　生徒は育ち、成長していく存在であるが、その心理的発達の仕組みや順番、方向性についての理解がなければ、生徒の成長の度合いを見極めたり、次にどんなかかわりを持っていけばいいのかを判断していくことはむずかしい。やみくもで一方的なかかわりは、かえって生徒の成長を阻害してしまったり、個々の生徒が持っている本来のよさをゆがめてしまったりする可能性がでてくるのである。

Work1

> あなたの中・高時代を振り返って、自分が一番成長した（変わった）と思えたのはどんなときだったでしょうか？そのときどんな風に自分が変わったのか、思い出して書いてみましょう！

①発達段階の理解の重要性

　人の心はずっと同じように発達していくわけではなく、人生のそれぞれの時期において、特徴的

な発達の方向性を示すものである。このような考え方を心理の発達段階理論といい、E.H.エリクソンの理論がとくに有名である。

　エリクソンによれば、人生は、乳児期、幼児期初期、遊戯期、学童期、思春期・青年期、前成人期、成人期、老年期の8段階に区切ることができ、それぞれの時期に取り組むべき心理社会的な発達課題があらわれてくるのだという。

　なかでも中学生・高校生が過ごす思春期・青年期の心理的発達課題は「自我同一性（アイデンティティ）の確立」であるとされており、教師としては、勉学の指導をしたり、体の成長を見守るかたわら、生徒一人一人が**「これが自分だ」**という自己イメージと、その自己イメージに基づいた、将来に対する一定の見通しを持てるようにかかわっていく必要があるのである。

②思春期・青年期とは？

　思春期・青年期とは、学童期と前成人期の間の時期であり、「サナギの時期」ともいわれることがある。昆虫が幼虫から成虫となって飛び立つまでの「間」に過ごすのがサナギの状態なのであるが、その前と後とでは、形態が全く違うものへと大変化を遂げている。そのような存在様式のフルモデルチェンジのようなことが起こるのが思春期・青年期なのであり、「大きく変わる」がゆえに、ときに非常に「大変」な心理的苦悩がともなうこともあるのである。

　思春期・青年期を過ごす若者たちは、それぞれの将来へと向かっていくために、ときに傷つき、もがき、悩み、身もだえしたりしながら、少しずつ、ときに何年もかけて、見えない心の成長をとげていくものなのであり、教師には辛抱強い見守りが求められるのである。

エリクソンの発達段階説

	希望	意志	目的	有能	忠誠	愛	世話	英知
老年期								統合 vs 絶望、嫌悪
成人期							生殖性 vs 停滞	
成人前期						親密 vs 孤立		
青年期					同一性 vs 役割の混乱			
児童期				勤勉性 vs 劣等感				
幼児後期			自主性 vs 罪悪感					
幼児前期		自律性 vs 恥、疑惑						
乳児期	基本的信頼 vs 不信							

図1．エリクソンンの発達段階説（仲　淳（2010）から引用）

③「教育」は「共育」。

　かつて教育においては、教師は教える側、生徒は教わる側、という一方向的な教育が前提とされている時代があったが、これからの時代においては、教師もまた個々の生徒とのかかわりの中でつねに学び教わり、生徒とともに成長・発達を続けていくという、相互作用的な教育のイメージが重要になってくるように思われる。教師は生徒よりも「**先**に**生**まれた先生という存在」として、ときに生徒に模範を示すとともに、不確かな時代を共に生きていく「共育者」として、生徒の前にあることが求められてきているのである。

2．学習

　心理学における学習（学び）とは、「経験を通して**新しい自分**に生まれ変わる」ことである。「授業」とは、「業」を「授ける」と書くのであるが、教師の仕事とは、生徒にさまざまな教育的経験（業）を提供することによって、「新しい自分」に生まれ変わってもらうことを促す仕事だといえるだろう。

　そして、今日における「学び」は、「あらかじめ決められている一定の内容を教わる」という「受け身の教育」から、「自ら興味をもって問いかけ、探求していく」という**主体的な学び**への転換が求められてきている。ここでは、そのような新しい学びを支える心理学的な理論についてまとめておこう。

```
Work2
```

> あなたのこれまでの学校生活の中で、一番よかったと思える「学び」はどんな学びですか？
> そのときどんなことをどんなふうに経験して、なにを学んだのか、思い出してみましょう。
> そのときどんな風に自分が変わったのか、思い出して書いてみましょう！

①学びとは試行錯誤である – 学習の思考錯誤説

　学習の思考錯誤説というのは、箱の中に入れられた猫が、柵の隙間から手を伸ばしたりいろいろな試行錯誤（トライ＆エラー）を何度も繰り返すうちに、やがてぶら下げられたヒモを引っ張れば

ドアが開いて外にあるエサを食べられることを学んで、身につけたことから唱えられた理論である。

　学校における学びは、ともすれば、知識をいっぱい詰め込んで、テストの問題を解くときにいかに間違えないかに重点が置かれがちである。しかし、なにが起こるかわからない、あらかじめの正解のない実際の人生を生きていくときに大切なのは、「まず、とにかくいろいろやってみること」である。

　教育とは、「やってみて、間違って、やり直して、やがていつか正解に」という、生徒の試行錯誤のプロセスを応援し、見守ることだということを、教員は肝に銘じておく必要があるであろう。

②学びは本来自発する − 学習のオペラント条件付け説

　学習のオペラント条件付け説というのは、箱の中に入れられたネズミが、いろいろな仕掛けがある中で、エサが出てくるボタンを押すという反応だけを**自発的に**（オペラントとは「自発的に」という意味の英語）行うようになったことから見い出された理論である。

　学びにはいろいろな困難が伴うものであるが、教育においても、「学びは本来、自分にとってよい結果がともなう方向に向かって自発するものである」という認識は非常に重要であると思われる。

　「この学習はおもしろい！」「役に立つ！」「意味がある！」そのように感じられる学びは、生徒の自発性を育み、さらに次の学びへとつながっていく。「教え込む学び」だけではなく、生徒が本来持っている興味や関心を掻き立てるような、主体的な学びを促す工夫が求められているのである。

③学びとは、考えて、気づくことである − 学習の洞察説

　学習の洞察説とは、檻に入れられたチンパンジーが、あれこれ実際にやってみる中で、たまたま答えを見つけるのではなく、頭の中で状況を考えることによって、置かれていた棒を上手に組み合わせて使う方法に気づいて、檻の外のバナナを取ることに成功したことから見い出された理論である。

　生きるということは、つねに新しい環境の中に身を置くということであり、習った通りの、解決のための道具がすべてそろったシチュエーションというのはありえないことである。「こういうときには、こうしなさい」という、機械を操作するときのようなマニュアルがない中で、わたしたちはその時々の複雑な状況を理解して、その時々に考えて、一つ一つの答えを出していくことが求められるのである。学校教育における学びにおいても、この「自分の頭で考えて答えを出そうとする」力を育成することは非常に大切なことになってくる。苦労して考えた結果得られた気づきが、次のより大きな問題に向き合うことを可能にしていくのであり、「学力」とは、まさに「学ぶ力」のことなのである。

④学びとは、「マネ」から始まる − 観察学習の理論

　「学ぶ」の語源は「マネび」ともいわれるが、わたしたち人間には、直接自分で試行錯誤して学ばなくとも、他の人のしていることを見たり、他の人の考えを聞いたりすると、その「マネ」をして、そのまま取り入れることができるという、すばらしい観察学習の能力が備わっている。ともにふれあって過ごす中で、人はお互いのしていることや考え方をうつし合って、成長していけるのである。

　ICT の発達によって、教育のあり方は今後大きく変わっていく可能性があるが、「教育は人な

り」といわれるとおり、やはり教師と生徒、生徒と生徒の直接的なふれあいの中で、「実際に生きている人間から見て学ぶ」ということなしには、本当の意味での教育は成り立たないものと思われる。高度な技術を活用しつつ、つながり、ふれあいながら、「マネ」をし合ってという教育の工夫が求められているのである。

3．やる気・意欲と人格（個性）の理解

　学校とは、そのあとに長く続く、本格的な人生のスタートを切るための助走のようなものである。教師としては、生徒の胸のうちに、その後燃え続けるための心の火種のようなものをつくることができれば最高！ということになるであろう。そしてその心の火種というものこそが、「やる気・意欲」というものなのである。では、生徒のやる気を引き出すためには、どうすればよいのだろうか？

Ｗｏｒｋ３

あなたのこれまでの人生で、あなたのやる気を大きく引き出してくれたのは、だれのどんな言葉だったでしょう？その言葉がなぜ心に響いたのかも含めて、思い出して書いてみましょう。そのときどんな風に自分が変わったのか、思い出して書いてみましょう！

①やる気の仕組みの理解の重要性

　やる気には、ご褒美や称賛などの、行動そのもの以外のことによって引き出されてくる「外発的やる気」と、それをすること自体におもしろさや意義が感じられて生まれてくる「内発的やる気」がある。また、やる気には出てくる順番があること（やる気の階層性）なども指摘されている。ときに励まし、ときに少し距離を取ったりしながら、上手に生徒のやる気を育てていく必要があるのである。

②観察と対話を通した人格（個性）の理解の重要性

　また、生徒のやる気をよりよく引き出していくためには、生徒をよく観察して、よく対話して、生徒のことをよく理解することが必要である。生徒が置かれている状況や、性格的タイプ、向き・

不向きは、一人ひとり異なるからである。

　生徒の個性とは、楽器のちがいのようなものである。弦楽器的な個性を持っているものもいれば、打楽器的な個性を持っている生徒もいる。また、管楽器的な個性を備えている生徒もいるのである。弦楽器的な個性を持っている生徒に対して、いくら楽器を叩くやり方や吹くやり方を教えても、音は出ない。その生徒に合った「弦を弾く」やり方を伝えることができたときに、初めて音が出るのである。

　思春期の生徒の個性は発展途上なので、その見極めはむずかしいが、だんだんかたちがハッキリしてくる。そしてその個性にフィットした（寄り添った）根気強いかかわりが、生徒のやる気を引き出すのである。

③「やる気」を育てる、「やる木」の根っこを育てる。

　生徒の「やる気」というものは、「今日やって、明日！」というように、短期決戦で、簡単に引き出せるものではない。また、そのような今すぐの成果を期待するようなやり方では、生徒の長い将来を見据えた、本当に意味のある教育的かかわりはできないであろう。

　上っ面ではない、真の教育の成果が出るのは、20〜30年後といわれている。教師としては、性急に生徒たちを上へ上へと引き伸ばそうとするのではなく、じっくりと時間をかけて、大地に根を張る「やる木（気）」の根っこを育てることに意を注ぐべきではないだろうか？そうすることによって、生徒は将来多方面に向かって「思い」をのびのびと広げていくことができるようになるのではないかと思われるのである。

４．生徒を育む教師のまなざし（評価）とコミュニケーション

　ここまでで、教育における「発達」「学習」「やる気」「人格」についての理解の大切さについて述べてきたが、人の成長・変化というのは、非常に大胆に表現するなら、下のような式にあらわすことができるかもしれない。

$$人の成長・変化　＝　素質　×　経験$$

　教師には、生徒が持って生まれた天賦（てんぷ）の素質そのものを変えることはできないので、生徒に対して、どのような経験（環境）を提供することができるのかが、非常に重要になってくるのである。

　そして、上の式の「経験」というのは、教師と生徒との間柄で考えるのであれば、「教師のかかわり」と言いかえることができるだろう。では、いったいどのような「教師のかかわり」が、生徒の成長をよりよく促すことにつながるのだろうか？

思春期における恩師との出会いというのは、一生の宝物となるかもしれない。生徒たちがそれぞれの進路と向き合う、心の大きな変わり目である中・高時代において、信頼し、尊敬できる人に出会うことができたならば、その体験は生徒の心の軸となるものの形成につながると思われるからである。

教師に求められるのは、一人ひとりの生徒の人間的な成長を促すことであるが、それができるためには、自身の「生徒を見る目」を育てておく必要がある。教師は、いろいろな角度から、いろいろな方法で、生徒が持っている「潜在的な可能性」を見抜き、見い出し、伸ばしていってあげなければならないのであり、人間性についての幅広い理解と多様な人を測る「ものさし」が求められるのである。

また、教師には、結果だけにとらわれず、生徒がチャレンジするプロセスを大切にする態度も重要である。たとえ目標を達成できなかったとしても、努力・工夫をして、取り組んだ姿勢を評価してもらえることで、生徒は人生において挑戦することの大切さを学ぶことができるからである。

そして心理学においては、「こちらの期待が相手の変化を左右する」というピグマリオン効果が有名であるが、教師が生徒との関係に臨む際には、「どこまでも生徒の成長可能性を信じ抜く」という態度が非常に重要であろうと思われる。「どんなにできないことがあっても、何度失敗したとしても、その生徒がいまそこで生きていて、未来に向かおうとしていることが価値である。」教師のそういう「生徒の根本を信じる」気持ち（心）が、いろいろな不安を抱えた成長途上の生徒の中

に「自分自身を信じる気持ち（自信）」を生みだすと思われるからである。教師として、どのように生徒をみつめ、どんなコミュニケーションをとっていけばいいのか？どこまでも追及していくことが求められるのである。

【引用・参考文献】
仲　淳　2010　『こどものこころが見えてくる本』　あいり出版

第4章　教育現場における生徒理解・保護者対応・協働関係について

1　教育とは人と人のかかわりである

　いうまでもないことかもしれないが、教育とは、生きている人と人とのかかわりである。なにを、どのように教えるかの前に、お互いが、「人と人として接し合う」ということがあるのである。

　そういう教育場面において一番大切なことはなんだろうか？

```
Work1
```

> あなたが教育において一番大切だと思うことはなんですか？
> そう考える理由も含めて、自由に書いてみてください。

　教育において大切なことはたくさんある。しかしなによりも一番大切なことは、「生徒のためを考える」ということではないだろうか？そしてそれは、「生徒のことを思いやる」ということなのである。

2　生徒を理解する　－生徒とは「可能性」－

　そもそも「生徒」とは、どういう存在なのだろうか？英語の student の語源をさかのぼるならば、「熱中する、没頭する」という意味を持つ studeo というラテン語にたどり着く。また、現代の新生児研究では、生まれたばかりの赤ちゃんはなにもできない無力な存在なのではなく、あらゆる環境に適応できるような潜在的な態勢を備えて生まれてくることがわかってきている。生徒とは本来、なにかに夢中になって、主体的に学びを行う、伸びゆく「可能性」に満ちあふれた存在なのだ。

　「理解する」とは、英語では understand であり、under（下に）＋ stand（立つ）である。学校教育は、ともすれば、「なんでも知っているえらい先生が、教え、与える」という、上から目線になりがちであるが、その視点の転換が求められているといえよう。

　一人ひとりの生徒を理解するためには、こちらの先入観（決めつけ）を捨て去って、まずよく観察することが必要である。どういう性格タイプの子なのか、何に興味を示すのか、家庭環境はどのような状態なのか。そのようなことを日々確認しながら、一人ひとりの生徒像を描き出し、かかわりの中で新たな発見を続けていく。そういう寄り添いが、求められているのである。教育とは、生徒の中に輝くものを見つける、「宝探し」でもあるのだ。

3　教室を生徒の「第二のホーム」に　‐　学び合い、支え合う共創的関係性へ

　学校とは、一人ひとりの生徒をそれぞれの未来へとつなぐための場所であり、本来、学校は希望に満ちた場所であるべきはずなのである。

　思春期は心身ともに変化の大きな時期であり（大きく変わると書いて「大変」）、中学・高校ともに進路の問題もあるために、生徒は様々な悩みや不安を抱えやすい時期である。

　そのような生徒たちが、安心していられるような「心の居場所」が、学校にも求められているのである。

　生徒は競い合って、互いに切磋琢磨しながら成長していく存在であるが、ホッと一息をついて、仲間とともに語らい合い、励まし合うような場面も必要なのである。

　同じクラスの生徒たちが学校にいるほとんどの時間を一緒に過ごす教室のことをホームルーム（home room）というが、その home には、「家」という意味のほかに、「帰る場所、よりどころ」という意味もある。教師は自分のクラスを、生徒たち一人ひとりにとっての心のよりどころ（支え）になるような、「第二のホーム」にしていかなければならないのである。

```
Work2
```

　あなたがこれまで学校生活を過ごしてきた中で、一番よかったと思うクラスは何先生のどんなクラスでしたか？思い出して書いてみましょう。
　そう考える理由も含めて、自由に書いてみてください。

4　保護者との関係構築の重要性

①保護者と教員の関係の変化

　今日、学校教育においては、保護者との関係構築の重要性が指摘されている。

　かつて学校や教員は、その存在自体が社会的に権威ある存在とみなされていて、学校で教師によって行われることは、ある意味無批判によしとされる時代が続いていた。「先生のいうことなのだから聞きなさい」というわけだったのである。しかし今日においては、高等教育も広く行き渡り、保護者の学歴も向上してきて、「教師であること＝権威的存在」というイメージは薄れてきている。情報が幅広く行き交う中で、当然のことではあるが、「教育の質、教師の質」というものが、以前よりもより深く問われる時代となってきているのだといえよう。

　そのような風潮の中で、「モンスターペアレント」なる造語が登場し、関係を持つのがむずかしい保護者の問題がクローズアップされたりもしてきている。いま教育現場においては、生徒との関係もさることながら、保護者との関係構築のテーマが注目されてきているのである。

②切れてしまった人間関係、孤立する保護者

　ではこのような問題の背景にあるのは、一体どのようなことなのであろうか？ときにクレーマー化してしまうのは、その保護者個人の人格の問題なのだろうか？

　保護者と教員の関係の変化の一つの要因として考えられるものに、現代の保護者（家族）が置かれている人間的環境の問題（人間関係の変質）、ということがあるように思われる。かつて家族のまわりには、それを取り巻く血縁（親戚関係）・地縁（地域のつながり）というものが存在していた。家族と社会との間には、家族を守りつつ、社会との間をつなぎ、仲を取り持ってくれる、「中間的な他者」が存在していたのである。それは場合によってはしがらみとなって、個人を縛るものともなっていたのであるが、保護者にとって、頼れる存在を身近に感じることを可能にしていた面もあるのである。

　しかし現代においては、個人主義がさらに浸透して、都市化や核家族化がさらに進み、また地域のつながりが失われて（「無縁社会」）、この中間的な他者の守りを得ることが場所によっては相当むずかしくなってきている。そのような状況の中で、保護者たちの間には、身近な支えを失って、つねに自衛を強いられる、不安と緊張に満ちた雰囲気が生まれてきている可能性があるのである。家族のまわりから、持ちつもたれつ、支え合いながらやっていく共同体感覚が失われて、利益（サービス）を受ける側・提供する側という、ドライで契約的な感覚が浸透してきているのかもしれないのである。

　そして、保護者と教員がゆるやかにつながりつつ、暗黙の信頼関係を土台に役割分担しながらこどもの成長を見守っていくという連帯感を持つことが困難になってきている可能性があるのだ。

③保護者との関係の再構築を目指して

　以上見てきたように、現代の保護者たちは、孤立感や不安感をより強く感じるようになってきているのかもしれない。そして、どこにも持っていき場のなくなった保護者の焦りや不満が、攻撃的なかたちで教師や学校に向け換えられてしまうことがある。そのようにも考えられるのだ。怒鳴りこんでくる相手に落ち着いて対応することは非常にむずかしいことであるが、「モンスター」とい

う顔の裏側には、だれにも助けてもらうことができずに、どうしようもなくなってもがいている、保護者の必死の SOS の叫びが存在している可能性があることを知っておくことは大切なことだと思われる。

5　教職員同士のコミュニケーション

　教師は生徒の模範となるべき存在であるが、教師も一人の人間なのであり、得意なこともあれば、苦手なこともある。一人でできることもあれば、保護者と同じく、助けを借りなければならないこともあるのだ。

　どれだけ生徒のことが好きでも、生徒が抱えている問題の大きさによっては、一人の教師で対応できる限界を越えてくることもある。教師として仕事をしていくためには、いろいろな人とつながりながら、いろいろな人に支えられて、仕事をしていくことが大切なのである。どんな職業でもそうなのであるが、学校においても、働く仲間同士の支え合い、コミュニケーションというものは非常に重要である。今日においては、「チーム学校」という考え方も打ち出されてきているが、教育はたくさんの人との協働によって成り立つ仕事なのだということをよく理解しておく必要がある。

　学校現場には、お互いを「先生」と呼びあって、それぞれの仕事にあまり干渉し合わない文化が残っている（小学校では特にすべての教科を一人でずっと担当するので、「学級王国」神話といわれたりもする）のだが、これからの時代は、そのような垣根を取り払って、日頃から教職員全体で協力体制をつくって生徒たちと向き合っていくことが不可欠になってきている。生徒や保護者から投げかけられる問題の大きさやインパクトが、以前とは質的に異なってきているので、スクールカウンセラーやスクールソーシャルワーカー、スクールロイヤーなどの他職種の専門家とも力を合わせて、教員としての仕事に臨んでいくことが求められているのである。

　教師は、教室で一人で生徒と向き合う時間が長いので、クラスの生徒に起こってきた問題はすべて自分の責任で、自分で解決しなければ、と「ひとりで抱え込んで」しまいがちである。また、教師は生徒の見本という手前、同僚や仲間にも、「できません」となかなか言いにくいところがある。

　しかし本来、3〜40人ほどの人間を一人で相手にするというのは至難の業なのであり、いろいろ様々なトラブルが起こってくるのがふつうである。それゆえに、学校全体で、教師が困ったときには、すぐに身近な人に気軽に相談できるような体制を整えておく必要があるのだ。

　たくさんの人と協力しながら、教室ではその代表の一人として生徒たちと向き合い、育ちを促していく。そういうつながりの意識が、これからの教員には求められているように思われる。

6　教員のメンタルケア

　今日の教員の仕事はより多様化・高度化してきている。また、教育は生きている人とかかわる、「感情労働」という側面を有しており、非常に気を使う仕事でもある。

　教師の仕事は、あらかじめ決められたマニュアル通りに機械を操作するようには、決してうまくいかないし、また、社会の変化が激しい中で、ＩＣＴなどの新しい対応がどんどん求められてきているのが学校の現状なのである。

　そして、そのようなありようを反映してか、近年、身体的・精神的な健康を保つことができなくなって、休職を余儀なくされる教師の数が増えてきているという報告がある（精神疾患での休職者が年間5000人以上）。教員を目指す人には、もともと誠実で几帳面な人が多いが、スーパーマンではないので、重い負荷を長期にわたって背負いすぎてしまうと、燃え尽きてしまったり（バーンアウト）、うつ病を発症してしまったりすることもあるのである。

　せっかく就いた教職である。できれば長く続けたいものである。生徒に元気にやっていってもらうためには、まず教師が元気である必要がある。生徒のためにできることは無限にあるが、まず自分自身の健康を保てるやり方をしっかり身につけていこう！

☆いろいろあるストレス解消法

1．	深呼吸して気持ちを落ち着ける。
2．	ストレッチでリラックスする。軽く体を動かす。
3．	親しい人と話をする。愚痴を思い切り吐き出す。
4．	たくさん笑う。
5．	おいしいもの、好きなものを食べる。
6．	ぬるめのお風呂にゆっくり入る。
7．	趣味・娯楽に没頭する。
8．	よく眠る。
9．	太陽の光を浴びる。自然に触れる。
10．	「○○先生」をやめて、「素の自分」に戻る時間を持つ。

　教育においては、生徒理解だけではなく、教師の自己理解も大変重要である。自分にはどういう特徴やいいところがあるのか、またどんな苦手なところがあるのか、などを知っておくことは大切なことである。

Ｗｏｒｋ３－１

あなたは、自分はどういう性格タイプの人間だと思いますか？
長所と短所に分けて、３つずつ書いてみてください。
そして、グループでシェアしてみましょう。

長所	短所
①	①
②	②
③	③

　「自分がこうだと思っている自分（自己イメージ）」というのは、少し偏った、思い込みになっている場合がある。なので次に、自分の短所について、一度ちょっとちがう角度から見つめ直してみよう。そして、自分や他の人の短所を言い換えて、生かすやり方を学んでみよう！

Ｗｏｒｋ３－２

Work ３－１で挙げた短所を表す言葉を、ポジティブに言いかえてみましょう。
次に、グループの他の人の短所をポジティブに言いかえてあげましょう。
例：優柔不断→思慮深い、気が弱い→やさしい、ルーズ→ゆとりがある

①「　　　　　　　」	⇒	「　　　　　　　　」
②「　　　　　　　」	⇒	「　　　　　　　　」
③「　　　　　　　」	⇒	「　　　　　　　　」

　生徒や保護者、また教員仲間とつながりながら仕事をしていくためには、コミュニケーションの力が必要である。次はグループで意思疎通してつながるワークをやってみよう！

```
┌──────────┐
│ Work4    │
└──────────┘
```

グループワーク「絵しりとり」

用意するもの：Ａ４版コピー用紙（４人一組で１枚）

やり方：①４人一組のグループをつくって、縦一列に並ぶように席を移動。

　　　　②用紙を４つ折りにして開き、表裏に①〜⑧の数字を記入（下図）。

　　　　③最初の人が教員に指定された文字から始まる絵を①のコマに描き入れ、続いて２番
　　　　　目の人が②のコマに描いて、順番に続けていく。

　　　　④一人表裏２回ずつ絵を描いて、⑧のコマまでつながったらゴール！

①	②
指定された文字か ら始まる絵を描く。	前の人が描いた絵 の最後の文字から 始まる絵を描く。
③	④
前の人が描いた絵 の最後の文字から 始まる絵を描く。	②，③と同じ。 ⇒裏面に続く

　教育とは人間関係であり、これまで脈々と受け継がれてきたものを、次につないでいく営みである。なにを教え、なにをつないでいくべきなのか？

　最後に、あなたが教師として生徒に伝えたいことはなんなのか？考えて書いてみよう。

【参考文献】

仲　淳　2010　『こどものこころが見えてくる本』　あいり出版

文部科学省　チームとしての学校のあり方と今後の改善方策について（答申）【骨子】

https://www.mext.go.jp/b_menu/shingi/chukyo/chukyo0/toushin/attach/1366271.htm

永堀宏美　2018　保護者トラブルを生まない学校経営を保護者の目線で考えました　教育開発研究所

大石智　2021　教員のメンタルヘルス　大修館書店

第5章　「学校現場でのフィールドワーク」－
小学校での授業観察とその省察（1）

訪問学校名（　　　　　　　　　　　　　学校）

Ⅰ　授業観察の記録

1　日時　　　　　　　　　年　　月　　日（　　）第　　校時

2　学年・組・教科　第　　学年　　組　（　　　　　　科）

3　単元　（　　　　　　　　　　　　　　　）

4　板書の記録

| |
| |

5　教師と児童生徒の活動の記録

時間	教師の活動・発問・指示等	児童生徒の活動・発言等

時間	教師の活動・発問・指示等	児童生徒の活動・発言等

時間	教師の活動・発問・指示等	児童生徒の活動・発言等

Ⅱ 授業の振り返り

1 授業の目標（ねらい）は何だったのか。

2 教師の発言で注目したところはどこか。

3 児童生徒の活動で注目したところはどこだったのか。

4 教育実習（中・高）での授業と小学校の授業を比較して、感じたこと・考えたこと

第6章 「学校現場でのフィールドワーク」－ 小学校での授業観察とその省察（2）

学校でのフィールドワークについてグループで討論し、まとめよう。

討論の視点

> 1　小学校と中学校・高等学校の授業の比較
> 　　① 教師の活動に着目して
> 　　② 児童生徒の活動に着目して
> 　　③ 授業構成を比較して
> 2　授業への疑問点や改善点

討議の役割

（司会）　　　　　　　　　　　　（発表）

（グループのメンバー）

グループ討議の記録

○　グループ討議における主な意見

他のグループの発表から

この授業のまとめ（新たに得た知見・気づき・コメントなど）

第7章　学級経営について

1　学級経営について学ぶ意義

　日本の学校ではあらゆる活動が学級単位で展開される。そのため、学級集団の状態は、その学級に所属する児童生徒一人ひとりに大きな影響を及ぼす。たとえば、学習意欲の低さを指摘される児童生徒であっても、その児童生徒が生活している学級が互いに助け合うような風土をもっているのか、互いの粗探しをするような風土をもっているのかによって、その意味はまったく異なる。後者のような学級で生活している児童生徒の意欲の低さを、その児童生徒の個人特性のみで説明することは妥当な理解といえるだろうか。児童生徒一人ひとりの姿は、その児童生徒が所属する学級の状態を反映していると捉えることができる。よって、教師には、児童生徒にとっての生活環境である学級の状態を理解し、児童生徒の成長を促す学級集団を意図的・計画的に育成するための**学級経営**が求められる。

　教育心理学者の河村茂雄博士は、学級集団の状態を、1．満足型、2．管理型、3．なれ合い型、4．荒れ始め型、5．崩壊型の5つに分類している（河村，2007）。本章では、河村博士の研究グループによる解説（河村，2007，2010，2012，2015；武蔵，2011，2012）を参考にそれぞれの特徴について以下にまとめる。なお、一連の研究における学級集団の分析には、河村博士が開発した**Q-U**という尺度が用いられている。Q-U は児童生徒一人ひとりの状態と学級集団の状態を同時に知ることができる、有用性の高い尺度である。この尺度について詳しく知りたい場合は、最初の一冊として、河村茂雄（2006）『学級づくりのための Q-U 入門』（図書文化社）をおすすめする。

2　学級集団の状態を理解するための枠組み
(1) 満足型

　児童生徒による自治的活動によって**ルール**が定着し、**リレーション**（心理学用語。情緒的なふれあいのある人間関係のこと）が育まれている学級を「満足型」と呼ぶ。満足型では、児童生徒の学習意欲が高く、学力の定着も良好である。また、仲間づくりや集団活動に対する意欲もとても高く、いじめや不登校が生じにくい学級でもある。

　満足型学級を育成するには、まず集団内にルールを定着させる必要がある。ルールというと個人の自由を奪うものだと思う人がいるかもしれないが、ルールとはむしろ個人の自由を守るためのものである。私たちは異なる感じ方、考え方、価値観をもって共に暮らしている。一部の人だけではなく、すべての人の安心・安全を守るためには、共有されたルールが必要である。そうした枠に守られてこそ、私たちは自由な生活を謳歌できる。よって、児童生徒が自由に素直な気持ちを伝え合うことができる関係を築くためには、ルールの定着が前提条件となる。

　教師はルールの定着具合を見ながら、児童生徒に徐々に「たずな」をあずけ、児童生徒による自治的活動を促していく。その際、①相手の話を聴く→②仲間を認める→③自分の思いを語る、という流れで人間関係を育てていけば、集団のリレーションは徐々に深まっていくだろう。リレーショ

ンが深まった集団では、外枠としてのルールがなくても、互いを配慮するマナーや心配りがみられるようになる（ルールの内在化）。そうすると、安心・安全の風土がいっそう広がり、その中で本音と本音の交流が促され、ますますリレーションが深まっていくという好循環が生じる。

　こうした集団では児童生徒が切磋琢磨する相互作用が生じる。互いを認め合い、よいところは取り入れようとするので、一人ひとりの成長が促される。また、課題が生じた時でも、支え合うことで、それを乗り越えようとする。このように個人としても集団としても成長できるのが満足型である。

(2) 管理型

　教師の強い指導によって集団のルールは維持されているものの、教師と児童生徒、児童生徒同士のリレーションが不足しているのが「管理型」学級である。学級風土としては「かたさ」が感じられる。児童生徒は静かに授業を受けているが、学習意欲は低く、主体的活動はあまり見られない。結果として「できる子」と「できない子」が生まれやすく、学力が低い、運動が苦手など、地位が低いとみなされてしまう児童生徒は、まわりから軽視されることになる。教師から叱責を受けることが多いのも、これを助長する。そうした風土がいじめにつながることもある。

　教師には、集団にルールを定着させ、目標達成や課題遂行を促す指導力が必要である。その一方で、児童生徒の心情に配慮したり、集団を親和的にまとめたりするための援助的かかわりも求められる。教師は、集団の状態を見極めながら、ルールを定着させるための指導とリレーションを育むための援助をバランスよく実行していく必要があるが、一貫して厳しく指導する教師のもとでは、管理型の集団が生まれやすいとされる。

　集団の風土にかたさや息苦しさを感じる場合、教師の管理が強すぎるのかもしれない。その場合は、児童生徒の活動量を増やしたり、自己表現を促したりして、すべての児童生徒が認められる場面を設けることが大切である。

(3) なれ合い型

　教師と児童生徒との垣根が低く、管理される息苦しさはないものの、ルールの確立が疎かなのが「なれ合い型」学級である。学級風土としては「ゆるみ」が感じられる。一見すると自由で和気あいあいとしているが、私語が多いなど、勉強に集中していない様子が見られる。また、イベントなどの楽しみは共有するものの、互いに高め合い切磋琢磨する方向にはなかなか向かわない。そのため、学力は定着しない。人間関係は不安定で小さなトラブルが生じやすく、その結果、小集団がたくさんできるようになる。常に同じように行動しているが、本当に仲がよくて一緒にいるというよりも、周りの攻撃から自分を守るために固まっているのが実情である。こうした小集団の中で起こるいじめは、外からは見えにくいのが特徴である。それは、外からは仲のよい集団と見えているからである。また、自分たちは仲間であることを確認し合うために、共通の敵をつくる傾向がある。それがいじめを生む温床となる。なれ合い型では、学力が高い、運動が得意など、地位が高いとみなされている児童生徒でも、「いい気になっている」などといじめの標的になることがある。

　なれ合い型の集団を立て直すために必要なのは、教師の「毅然とした態度」である。それは児童生徒を威圧し服従させることではない。教師として指導すべきことや集団として守るべきことについては、ぶれずに伝え続ける態度を示すことである。そして、児童生徒がルールを守り、集団活動に協力してくれた時には、忘れずに感謝を伝える。「親しき中にも礼儀あり」を心がけつつ、ルールとリレーションのバランスが取れた集団を目指すことが大切である。

(4) 荒れ始め型・崩壊型

　管理型やなれ合い型の状態で何らかの具体的な対応がなされないまま、徐々に教師の指導が効を奏さなくなり、児童生徒が互いに傷つけ合う行動が目立ち始める状態が「荒れ始め型」である。河村（2007）の調査結果によると、こうした学級におけるいじめの発生率は満足型学級と比べて5倍にもなる（中学校のデータ）。さらに、学級の荒れが進行した「崩壊型」もある。いわゆる「学級崩壊」である。学級は教育環境として機能しておらず、児童生徒の成長が著しく侵害されている状態である。

3　教師の指導行動と学級集団の状態

　河村博士の研究グループは、教師の指導行動を、代表的なリーダーシップ理論である **PM 理論**（三隅，1984）をもとに、次の2つの機能から捉えている（河村，2010）。

・P（Performance）**機能**　集団の目標達成や課題遂行を促す働き
・M（Maintenance）**機能**　集団を親和的にまとめる働き

2機能の発揮には個人差があり、次の4つの代表的なパターンがある。

・PM タイプ　P 機能と M 機能をともに発揮する
・P タイプ（Pm）　P 機能が強く、M 機能が弱い
・M タイプ（pM）　P 機能が弱く、M 機能が強い
・pm タイプ　P 機能と M 機能がともに弱い

　教師のイメージでいうと、PM タイプは細やかな気遣いの中に強い指導性を併せもつ教師、P タイプは一貫して厳しく指導する教師、M タイプは穏和で気遣いの細やかな教師、pm タイプは放任型教師というところだろう。
　河村博士の研究グループによる研究成果から、教師が意識して指導行動を修正しない限り、同じ教師が担任する学級は、同じような集団状態に至ると指摘されている（河村，2010）。上述した学級のタイプとの関係についてまとめると次のようになる。

・PM タイプ　→　満足型学級

・Pタイプ　→　管理型学級
・Mタイプ　→　なれ合い型学級
・pmタイプ　→　ばらばらな学級

　元々の人柄として「言うべきことは言うけれど、親しくなるのに時間がかかる」という人はいるだろう。その一方で、「親しい関係を作るのは得意だけれど、毅然と指導するのは苦手」という人もいる。それぞれの人柄に優劣はないが、教師としての役割を果たすためには、学級集団の状態を捉え、自分に求められているリーダーシップは、P機能なのか、M機能なのかを理解して、それを自覚的に発揮しながら、学級を満足型集団へと意図的・計画的に育てていく必要がある。

```
Work1
```

以上の知見を参考にしながら、学級経営に関する自己課題について書き出しましょう。

4　学級経営に活用できる構成的グループエンカウンター

　ルールを守りながらリレーションを育む方法の一つに「**構成的グループエンカウンター**」がある。以下に、米田（2019）を参考に、その特徴をまとめる。

　「エンカウンター」とは「出会い」という意味で、これには自分との出会い（自己理解）と他者との出会い（他者理解）がある。「構成的」とは、時間や人数、課題の内容などの枠を設定することである。枠があることで活動に参加しやすくなったり、自己表現しやすくなったりする。

　構成的グループエンカウンターは、インストラクション→エクササイズ→シェアリングと展開される。インストラクションでは、エクササイズのねらいや内容（グループサイズ、何をするか、時間、ルールなど）を簡潔に説明する。デモンストレーション（実際に少しやってみせる）を取り入れて行うとよい。デモンストレーションは、教師が行う場合と児童生徒にお願いする場合がある。

　エクササイズとは、参加者の心理的成長を意図してつくられた課題のことである。これまでに数多くのエクササイズが開発されているので、集団の実態を把握して適切なものを選択する。いくつかのエクササイズを組み合わせることもできる。活動中は一人ひとりに配慮することが大切である。「参加したくない」という児童生徒がいる場合には、エクササイズを見る参加にしたり、教師の補助をお願いしたりする。そして、シェアリングの際に見ていてどんなことに気づいたかをたず

ねてシェアリングへの参加を促す。

　シェアリングとは、エクササイズ中の心の動きを振り返り、「いま・ここ」で感じていることを表現して分かち合うことである。「気づいたこと」や「感じたこと」を表現することでエクササイズでの体験を整理し自己理解を深める。また、集団で個人の気づきを共有することでふれあいのある関係が築かれてリレーションが深まる。さらに、他者の振り返りを聴くことで気づきや感じ方は「人それぞれ」ということを知り、他者理解が深まる。

```
Work2
```

新年度に行う「学級開きのエンカウンター」（鹿嶋, 2017 を参考に整理）について体験しよう。

エクササイズ【バースデーライン】

＜展開＞

１．机を教室の後ろに片づけて椅子だけを円形に並べる。

２．一言もしゃべらず、誕生日順で時計回りに座っていく（同じ誕生日の場合はジャンケンで勝った方が先に座る）。

３．バースデーラインが完成したら、誕生日を言ってもらいながら、順番があっているか確認する。

＜ねらい＞

・知り合い同士で声を掛け合う新年度の雰囲気の中、知り合いのいない子が疎外感を感じてしまわないように、言葉を出さずにかかわりあう機会を設ける。

＜工夫＞

・完成までの時間を計ることでゲーム性を出し凝集性を高める。

・当日が誕生日の生徒がいたらお祝いの言葉を送り、承認の風土を広げる。

・教師も自分の誕生日の場所に入って生徒と一体感を築く。

エクササイズ【質問ジャンケン】

＜展開＞

１．バースデーラインのスタートの人から、１、２、１、２・・・と順に番号をふって２人組になる。

２．２人組でジャンケンし、勝った人が負けた人に質問する。これを１分間に何度も続ける

３．質問された人は答えられる範囲で答える。質問にはパスする権利もある。

４．勝ち続けたり、負け続けたりすることもあるので、「ジャンケンなしの質問タイム」を設ける。

＜ねらい＞

・ジャンケンという遊びによって新年度の緊張や照れなどを緩和しながら、互いを知る機会を設ける。

＜工夫＞

・質問タイムの前に「聞かれてうれしかった質問はある？」とたずね、質問例を示す。

エクササイズ【他者紹介】

＜展開＞

1．質問ジャンケンの2人組×2組で4人組を作る。

2．質問ジャンケンで知った相手の情報を新たな2人に「他者紹介」する。

（例）「この人は〇〇さんです。〇〇が好きで、最近は・・・」

3．4人で4分。教師は時間を計り1分経ったら「は～い、次の人～」と促す。

4．訂正したいことや付け足したいこと、さらに聞きたいことなどを話す「フリータイム」を設ける。

＜ねらい＞

・新しい学級で自分のことをわずかでも知ってくれている人がいるという実感を得て所属感を高める。

・互いを知る機会をさらに広める。

＜工夫＞

・状況によって、さらに別の4人組へ紹介する、という展開も可能。

エクササイズ【先生を知る〇×クイズ】

＜展開＞

1．教師についてのクイズが出題された紙を配る。

　「奈良出身である」「中学生の時は野球部だった」「マンガが大好き」など、10問並べる。

2．4人組で話し合って回答欄に〇か×をつける。

3．1問ずつ読み上げては、4人組で一斉に〇か×か手で形を作りながら答えてもらう。

4．教師が答えを伝える。

＜ねらい＞

・教師のことを楽しみながら知ってもらう。

・教師に関するクイズなので、学力や知識などは関係なく、新しい仲間と合意形成を体験できる。

＜工夫＞

・正解を発表する前に「どうして〇（×）と思ったの？」とたずねながら生徒の声を取り上げたり、答えの後に教師が自己開示したり（「特に好きなマンガは〇〇です。中学生の時にね・・・」）してリレーションを深める。

```
Work3
```

4人組で、本授業を通じて感じたことや気付いたことについて分かち合いましょう。

【引用・参考文献】

鹿嶋真弓　2017　教師という生き方　イースト・プレス

河村茂雄　2006　学級づくりのためのQ-U入門　図書文化社

河村茂雄　2007　データが語る①学校の課題―学力向上・学級の荒れ・いじめを徹底検証―　図書文化社

河村茂雄　2010　授業づくりのゼロ段階―Q-U式授業づくり入門―　図書文化社

河村茂雄　2012　学級集団づくりのゼロ段階―学級経営力を高める　Q-U式学級集団づくり入門―　図書文化社

河村茂雄　2015　学級経営の見立てと支援　臨床心理学, 15, 193-197.

三隅二不二　1984　リーダーシップ行動の科学　有斐閣

武蔵由佳　2011　学級集団を理解する方法Q-U　河村茂雄（編）生徒指導・進路指導の理論と実際　図書文化社
　　pp.196-199.

武蔵由佳　2012　いじめ問題の理解と対応　河村茂雄（編）教育相談の理論と実際　図書文化社　pp.124-133.

米田薫　2019　改訂版　厳選！教員が使える5つのカウンセリング　ほんの森出版

第8章　進路指導・キャリア教育について[*1]

1　進路指導・キャリア教育とは

　社会の中で自分の役割を果たしながら、自分らしい生き方を実現していく（**キャリア発達**）ために、自分自身による働きかけや、教師、保護者あるいは地域社会における様々な人による働きかけ（**キャリア形成**）を体系的に展開させる教育が**キャリア教育**であり、その推進として主に中学校、高等学校において学校全体として組織的・体系的に取り組む教育活動が**進路指導**である。その関係は図1のように示すことができる。

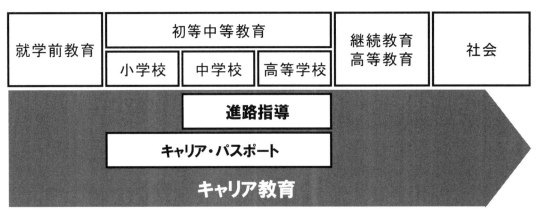

図1　キャリア教育と進路指導

（文部科学省，2011 より今西，2018 が作成した図から金山，2020 が一部改変）

　この図は文部科学省（2011）をもとに今西（2018）が作成したものに、さらに金山（2020）が「**キャリア・パスポート**」の位置づけを加えたものである。キャリア・パスポートは、キャリア教育の充実を図るために、2020 年度から導入された。これは、児童生徒が小学校から高等学校までの自らの学習状況やキャリア形成を、時に他者（主に教師）との対話を通じて、見通したり振り返ったりしながら、自身の変容や成長を自己評価するために活用される教材である。ただし、キャリア・パスポートに記録を残すことだけをもってよしとするのではなく、教師がそれを児童生徒と共有し対話するなど、児童生徒の自己理解を積極的に促していく取り組みが重要である。キャリア・パスポートの導入にあたって、教師が「対話者」としての役割を果たすことの重要性が増しているといえる。

2　ガイダンスとカウンセリング

　キャリア教育において重視されるのが「**ガイダンス**」と「**カウンセリング**」である。学習指導要領（中学校）の総則[*2]においては、次のように説明されている。

主に集団の場面で必要な指導や援助を行うガイダンスと、個々の生徒の多様な実態を踏まえ、一人一人が抱える課題に個別に対応した指導を行うカウンセリングの双方により、生徒の発達を支援すること。

こうした位置づけは、心理学などの学問分野における理解とは必ずしも一致しないが、現場での実践を考えた場合には、それぞれの概念を厳密に規定するよりも、その形態に着目して、集団指導＝ガイダンス、個別相談＝カウンセリングと整理したほうが理解はしやすいだろう。そして、これをキャリア教育に位置づけて実践するとき、それぞれを「**キャリア・ガイダンス**」「**キャリア・カウンセリング**」と呼んでいると理解しておけばよいだろう。

　特に、これからのキャリア教育における対話の重要性を考えれば、学校現場ではこれまで以上にキャリア・カウンセリングの充実が求められるだろう。この点に関して、キャリア・カウンセリングの専門家である三川（2018）は次のように述べている。

「カウンセリング」というと、専門的な資格をもった人が行うこととか、心理療法のように捉える方がいらっしゃいますが、そうではありません。カウンセリングとは、人がよりよく生きるための援助であり、問題解決や意思決定が図られ、自己理解、情報収集、計画実行が促されるように、「聴く」「受け止める」を積極的に行うコミュニケーションのことです。こうした問題解決や自己理解を、対象者が自ら進んで行うように、対話によって心を動かそうというものです。

雑談とキャリア・カウンセリング的な対話との違いは、「生徒の成長を目的とした意図をもった対話」であるかどうかです。キャリア教育における生徒の成長とは、生徒が自ら気付き、主体的に自分の将来を考える力を身に付けることです。「この生徒のこんなところを伸ばしてあげたい」「こんなことに気付かせてあげたい」と先生が意識して声かけしていれば、それは既にキャリア・カウンセリングになっています。

　日常的な教育活動の中でキャリア・カウンセリングを行うにあたっては、教師が参照できる「実践モデル」があれば便利だろう。これについては、先行研究の成果から、「**解決志向型**」のカウンセリングの有用性が指摘されている（金山, 2018）。そこで、次節ではこれを紹介する。

3　キャリア・カウンセリングの体験学習

「解決志向型」とは「望んでいる未来について話し、すでにできていることに着目し、個人や環境にある資源や強みを評価して利用し、うまくいっていることをさらに続けることを重視して、よりよい状態を協働して作りあげていく、安全性・目標志向性の高いアプローチ」（黒沢, 2016）のことである[*2]。その理念からして、キャリア・カウンセリングにふさわしいアプローチであるといえる。実際、解決志向型カウンセリングは、教師が行うキャリア・カウンセリングの実践モデルとして提案されており（会沢, 2014）、教師による実践例も報告されている（定金, 1996, 2016）。

　解決志向型カウンセリングの特徴は、相手のリソース（よりよき未来を築くための資源・資質）に焦点を当てる対話にある。これはキャリア・カウンセリングの基本ともいえよう。次のワーク（金山・中川，2016）で、そうしたコミュニケーションについて体験してみよう。

```
 Work1
```

　　２人組で、「私の成功体験」というワークをします。
　　聴き手は話し手に次の２つの質問をします。質問された人は答えます。
　1．あなたが「これはうまくいった」「これは成功だ」と思ったことについてお話を聴かせてください。成功体験であれば何でもいいです。些細なことでもけっこうです。
　2．（話し手の成功体験を聴いた後で）その成功を生んだ理由として、あなたがしたことで「これが大きかったなあ」と思うことは何ですか。
　　聴き手は「なるほど。へー。ふんふん。すごいね。わあ、そこのところもっと教えて」など、相手のリソースを際立たせるような聴き方をしてください。
　　1人４分ずつで、後で役割を交代し、話し手と聴き手のいずれも体験します。

【必要に応じて相手の話をメモしましょう】

1　ワークを振り返り、キャリア教育・進路指導の観点から感じたこと、気付いたことを書き出しましょう。

2　2人組でシェアして、学びを深めましょう。

```
┌─────────────────────────────────────────────┐
│                                             │
│                                             │
│                                             │
│                                             │
│                                             │
│                                             │
│                                             │
└─────────────────────────────────────────────┘
```

4　キャリア・カウンセリングの模擬練習

解決志向型のキャリア・カウンセリングについて模擬練習してみよう。

Work2

> 2人組で、次の進路面接のやりとりについてロールプレイしてみよう。
> ※教師役、生徒役をそれぞれ体験する。言葉使いなどは適宜変えてもかまわない。

<u>高校生 A の事例</u>　栗原（2001）をもとに一部変更

　A は礼儀正しくまじめな生徒で、将来は美容師になりたいと思っている。ただ、入学時の成績は低く、勉強はついていくのがやっとという生徒である。2学期の中間考査が終わり、クラス全員を対象とした進路面接でのひとこま。

教師（T）　生徒（S）
T1：A は美容師になりたいんだったよな。
S1：でも、最近はやっぱりやめようかなあって。
T2：どうして？　1学期は絶対美容師になるって言ってたじゃない？
S2：そう言ってましたけど、勉強全然わかんないし、やり方もわからないし、特に英語とか化学とかやっていると、ムカムカしてくるっていうか、投げ出したくなっちゃうんです。美容師になるには勉強しなくちゃいけないんですけど、やろうと思ってもそんな感じだし。だから無理かなって。
T3：そうか。それで最近浮かない顔してたんだな。でも今の言い方を聞いていると、美容師になりたくないんじゃなくて、無理なんじゃないか、だからあきらめなくちゃいけないかなって思っているっていうことか？
S3：はい。でも、多分無理。
T4：わかった。なりたい。でもなれなさそうって思っているっていうことだ。

S4：はい。

T5：じゃあ、ちょっと質問するから考えて。夢に向かって結構頑張ってやっている自分の理想の状態を10点として、今の自分の状態は何点ぐらい？

S5：（ちょっと考えて）4点ぐらい。

T6：じゃあ、その4点分って何？

S6：無理かなって思うけど、一応は机に向かうときもあるし、分からないけど、ちゃんとノートも取っているし、寝ないでちゃんと聞いている。

T7：そうか。本当だよな。Aのノート、きれいだもんな。それに、普通分からなくなると全然やらなくなる人が多いけど、Aはやっているわけだ。

S7：聞かないともっと分からなくなっちゃうから。

T8：うん。少々のことじゃへこたれないもんな。

S8：意外と粘るタイプなんですよ（笑）。

T9：いいねいいね。で、ちょっと質問なんだけど、その持ち前の粘りをほんの少しだけ発揮して、状態が5点になったときにはどうなってると思う？

S9：5点ですか。そうしたら先生とかに質問したりして、もうちょっと頑張ってるかもしれない。

T10：なるほど。他には？

S10：後は、そうですね、……（いくつか話す）

T11：今、7つあげたよな。その中から2つだけ2か月続けたら、どんなふうになっていると思う？

S11：美容師も何とかなるかもしれない。いい感じ。

T12：2つやるのはむずかしいか？

S12：いいえ。6点とかだときついけど、5点だから。

T13：よし、じゃあ、試しに今週2回やってごらん。それで、どうなったか報告して。

【解説】

　Aはまじめに頑張るのが取り柄（リソース、資源）の生徒である。ただ「壁」が大きく見えてきて挫折しかかっていた。そこでスケーリングクエスチョン（T5）を使って目標を細分化し、自分のリソースに気付いてもらい（T6～9）、目標をさらに小さくすること（T11～13）で、「壁」のプレッシャーを取り除き、行動しやすくすることに取り組んだ。Aはその後、美容師になる夢を捨てることなく、元気に学校生活を送っている。成績も少しずつ上昇してきた。

※「スケーリングクエスチョン」とは解決志向型カウンセリングで開発された技法。

1　ロールプレイを振り返り、キャリア教育・進路指導の観点から感じたこと、気付いたことを書き出しましょう。

2　2人組でシェアして、学びを深めましょう。

【注】
＊1　本章は JSPS 科研費 JP20K02839 の助成を受けた研究の知見を含んでいます。
＊2　文部科学省　中学校学習指導要領　https://www.mext.go.jp/content/1413522_002.pdf（2022 年 8 月 8 日確認）
＊3　このモデルの背景には「解決志向アプローチ」（Solution-Focused Approach）がある。これは Steve de Shazer、Insoo Kim Berg とその仲間たちによって提唱されたアプローチである（Berg, 1994）。文献によって、ソリューションフォーカストアプローチ、解決志向ブリーフセラピーなど、多様な名称が用いられているが、本稿では、煩雑な記述を避けるために、「解決志向型」という用語で統一した。また、ある文献で、ブリーフ・カウンセリングなどと記述されている場合も、その文脈から解決志向型カウンセリングを指していると理解できる場合やそれを含めた記述であると判断できる場合には、同様の理由から、解決志向型に関する記述として引用した。

【引用・参考文献】
会沢信彦　2014　明日からの面談に生かせる問いかけ技法　Career Guidance, 403, 21.
Berg, I. K.　1994　Family-based services: A solution-focused approach. New York : Norton.
（磯貝希久子監訳　1997　家族支援ハンドブック：ソリューション・フォーカスト・アプローチ　金剛出版）
今西一仁　2018　キャリア教育　水野治久・家近早苗・石隈利紀（編）　チーム学校での効果的な援助―学校心理学の最前線―　ナカニシヤ出版　pp.44-52.
金山元春　2018　教職課程で学ぶ進路指導、キャリア教育とガイダンス、カウンセリング　高知大学教育研究論集, 23, 1-9.

金山元春　2020　進路指導・キャリア教育とは―キャリア・パスポート導入期にあらためて考える―　天理大学教職教育研究, 3, 29-35.

金山元春・中川真身　2016　教員のリソースを喚起する教育相談研修の試み　教育カウンセリング研究, 7, 59-68.

栗原慎二　2001　ブリーフセラピーで三分間対話　月刊学校教育相談, 15(1), 32-35.

黒沢幸子　2016　困難学級を成功に導く生徒と教員による教室づくりのプロセス―中学校教員への半構造化面接の質的検討から―　目白大学心理学研究, 12, 1-13.

三川俊樹　2018　「キャリア・カウンセリング」とは？　Career Guidance, 423, 34-35.

文部科学省　2011　高等学校キャリア教育の手引き　教育出版

定金浩一　1996　進路カウンセリングとしてのブリーフ・カウンセリング―学習習慣が身に付いた事例―　進路指導研究, 17, 1-8.

定金浩一　2016　高等学校における教育相談としての7分面談　大阪産業大学論集人文・社会科学編, 27, 17-33.

第9章　特別支援教育について

1. 特別支援教育の理念

　2007年に「**特別支援教育**」が学校教育法に位置づけられ、すべての学校において、特別な支援を必要とする幼児、児童、生徒の支援をさらに充実させていくことになった。文部科学省は「特別支援教育の推進について（通知）」[*1]において「特別支援教育の理念」を次のとおり記している。

　特別支援教育は、障害のある幼児児童生徒の自立や社会参加に向けた主体的な取組を支援するという視点に立ち、幼児児童生徒一人一人の教育的ニーズを把握し、その持てる力を高め、生活や学習上の困難を改善又は克服するため、適切な指導及び必要な支援を行うものである。

　また、特別支援教育は、これまでの特殊教育の対象の障害だけでなく、知的な遅れのない発達障害も含めて、特別な支援を必要とする幼児児童生徒が在籍する全ての学校において実施されるものである。

　さらに、特別支援教育は、障害のある幼児児童生徒への教育にとどまらず、障害の有無やその他の個々の違いを認識しつつ様々な人々が生き生きと活躍できる共生社会の形成の基礎となるものであり、我が国の現在及び将来の社会にとって重要な意味を持っている。

ここで言及されている「**共生社会**」について、文部科学省は「共生社会の形成に向けたインクルーシブ教育システム構築のための特別支援教育の推進（報告）」[*2]において次のように説明している。

　「共生社会」とは、これまで必ずしも十分に社会参加できるような環境になかった障害者等が、積極的に参加・貢献していくことができる社会である。それは、誰もが相互に人格と個性を尊重し支え合い、人々の多様な在り方を相互に認め合える全員参加型の社会である。このような社会を目指すことは、我が国において最も積極的に取り組むべき重要な課題である。

その背景には「**障害者の権利に関する条約**」（障害者権利条約）の制定がある（2006年12月の国連総会で採択、日本は2007年9月に署名、2014年1月20日に締結）。この点に関して、同報告[*2]では、**インクルーシブ教育システム**に言及しながら、その経緯を次のように記している。

　障害者の権利に関する条約第24条によれば、「インクルーシブ教育システム」(inclusive education system、署名時仮訳：包容する教育制度) とは、人間の多様性の尊重等の強化、障害者が精神的及び身体的な能力等を可能な最大限度まで発達させ、自由な社会に効果的に参加することを可能とするとの目的の下、障害のある者と障害のない者が共に学ぶ仕組みであり、障害のある者が「general education system」（署名時仮訳：教育制度一般）から排除されないこと、自

己の生活する地域において初等中等教育の機会が与えられること、個人に必要な「合理的配慮」が提供される等が必要とされている。

　共生社会の形成に向けて、障害者の権利に関する条約に基づくインクルーシブ教育システムの理念が重要であり、その構築のため、特別支援教育を着実に進めていく必要があると考える。

　インクルーシブ教育システムにおいては、同じ場で共に学ぶことを追求するとともに、個別の教育的ニーズのある幼児児童生徒に対して、自立と社会参加を見据えて、その時点で教育的ニーズに最も的確に応える指導を提供できる、多様で柔軟な仕組みを整備することが重要である。小・中学校における通常の学級、通級による指導、特別支援学級、特別支援学校といった、連続性のある「多様な学びの場」を用意しておくことが必要である。

　以上から理解できるように、教職課程で学ぶ学生は、志望する校種や教科を問わず、特別な支援を必要とする子どもに対する理解を深める必要がある。

2．「障害」とは

　国際的な障害概念は「国際障害分類」から「**国際生活機能分類**」（図1）へと変化した。国際生活機能分類（International Classification of Functioning, Disability and Health：ICF）は、人間の生活機能と障害の分類法として、2001年5月、世界保健機関（WHO）総会において採択された。その特徴は、これまでのWHO国際障害分類（ICIDH）がマイナス面を分類するという考え方が中心であったのに対し、ICFは、生活機能というプラス面からみるように視点を転換し、さらに環境因子等の観点を加えたことである[*3]。

国際生活機能分類 International Classification of Functioning, Disability and Health (ICF) 2001年

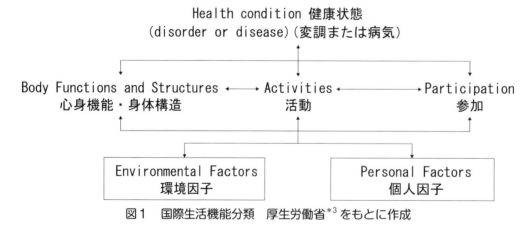

図1　国際生活機能分類　厚生労働省[*3]をもとに作成

　ICFは、生活機能の3水準（心身機能身体構造、活動、参加）と2つ（個人と環境）の「背景因子」および「健康状態」という要素から人の全体像をとらえる。要素は互いに影響を与えている。これを「相互作用」という。その背景には、障害はその人の病理や疾患から生まれるという「医学

モデル」だけではなく、社会環境との相互作用の結果として生じるととらえる「社会モデル」の影響を指摘できる。医学モデルでは個人に治療や訓練を施すことで障害を軽減するという発想になりやすく、個人に変化を強いるおそれがある。一方、社会モデルとの統合モデルでは、個人が必要に応じて治療や訓練を受けることに加えて、社会環境を変化させることを重視する。

Work1

特別な支援が必要な子どもに対する個別支援について、自己課題を整理しましょう。

1 「特別な支援が必要な子ども」とはどのような子どもでしょうか。書き出してみましょう。

2 特別な支援が必要な子どもに対する個別支援について学びたいことを書き出しましょう。

3 グループやペアでシェアして、学びを深めましょう。

3.「発達障害」とは

　発達障害とは、勉強や人とのかかわり方、運動の力などの発達にでこぼこがあり、得意なことと苦手なことの差が大きいために生活の中で困ることである（末吉，2019）。他の障害と比べると発達障害には「対象者が多い」「みえにくい」「健常と障害の境界が明確でない」などの特徴がある（深沢，2017）。そのため、通常学級の教師にとっては接することが最も多い障害であるといえる。

　ここでは「自閉症」「学習障害」「注意欠陥多動性障害」について、文部科学省[*4]の説明を引用しておく。

　・自閉症
①他者との社会的関係の形成の困難さ、②言葉の発達の遅れ、③興味や関心が狭く特定のものにこだわることを特徴とする発達の障害です。その特徴は、3歳くらいまでに現れることが多いですが、成人期に症状が顕在化することもあります。中枢神経系に何らかの機能不全があると推定されています。

　・学習障害
全般的に知的発達に遅れはないが、「聞く」「話す」「読む」「書く」「計算する」「推論する」といった学習に必要な基礎的な能力のうち、1つないし複数の特定の能力について、なかなか習得できなかったり、うまく発揮することができなかったりすることによって、学習上、様々な困難に直面している状態をいいます。

　・注意欠陥多動性障害
身の回りの特定のものに意識を集中させる脳の働きである注意力に様々な問題があり、又は、衝動的で落ち着きのない行動により、生活上、様々な困難に直結している状態をいいます。

　なお、発達障害に関して医学的には障害概念や定義の改訂が進んでおり、アメリカ精神医学会の診断・統計マニュアル（DSM-5）では、**神経発達症群／神経発達障害群**として記載されている（American Psychiatric Association, 2013）。発達障害の捉え方は教育、福祉、医療などの分野で異なっており、関係者と連携協力をはかる際には、それぞれがどのような立場で発達障害を捉えているのか留意する必要がある。

４．どの子にも居場所がある学級集団の育成

　発達障害は「ふざけている」「怠けている」「甘えている」「わざとやっている」「反抗的である」などと誤解を受けやすく、周囲とのトラブルから、いじめの被害にあったり、不登校になったり、心身の不調に陥ったりすることがある。これを**二次障害**という。
　河村・武蔵（2017）は、学級担任による回答から選定された特別な支援が必要な児童（特別支援対象児）は、自分がまわりから受け入れられ、大切にされているという「承認感」が乏しく、トラブルに巻き込まれていたり、不安な気持ちでいたりするという「被侵害感」が強いことを明らかにしている。また、阿部・赤坂・川上・松久（2019）は、学級の中には、特別な支援を受けている子どものことを妬み、ひいきととらえ、教師に不満を訴えたり、支援を受けている子のことを攻撃したりする子どもが一定数いて、そうした子どもたちは保護者からの過度な期待にプレッシャーを感じていたり、その子自身の承認感が低かったりすることを指摘している。その一方で、武蔵・河村

（2019）は、互いに助けあい、声をかけあうような学びが生じている学級では、特別支援対象児と非対象児の区別なく、児童は学級に対して肯定的な感情を持ち、特に特別支援対象児にとってはいじめが強く抑制されることを見出している。

　ここであらためて「障害」は個人と環境との相互作用の結果として生じるという考え方を思い出してほしい。ある個人が「障害」とされる状況にあるかどうかは、そのすべてが個人特性に帰されるのではなく、どのような環境で生活しているのかが極めて重要である。たとえば、「似た文字の区別が難しい」という特性から授業に参加することが困難な子どもがいるとする。教師がその状況を理解し、その子の特性を踏まえて、教室の物理的環境（例：適切な教材・教具）や人的環境（例：互いを認め合う関係）を整備すれば、授業参加が困難であるという「障害状況」は軽減するだろう。教師には、特別な支援が必要な子どもに対する個別の支援に加えて、その子にとっての生活環境である学級の状態を理解し、「特別な支援が必要な子を含めてどの子にも居場所がある学級集団」を育成するための学級経営が求められるのである。

Work2

どの子にも居場所がある学級集団の育成について、自己課題を整理しましょう。

1　どの子にも居場所がある学級集団の育成について学びたいことを書き出しましょう。

2　グループやペアでシェアして、学びを深めましょう。

【注】
＊1　文部科学省　特別支援教育の推進について（通知）https://www.mext.go.jp/b_menu/shingi/chukyo/chukyo3/044/attach/1300904.htm（2022年8月7日確認）

＊2　文部科学省　共生社会の形成に向けたインクルーシブ教育システム構築のための特別支援教育の推進（報告）https://www.mext.go.jp/b_menu/shingi/chukyo/chukyo3/044/houkoku/1321667.htm（2022 年 8 月 7 日確認）

＊3　厚生労働省　「国際生活機能分類－国際障害分類改訂版－」（日本語版）の厚生労働省ホームページ掲載について　https://www.mhlw.go.jp/houdou/2002/08/h0805-1.html（2022 年 8 月 7 日確認）

＊4　文部科学省　障害に配慮した教育　https://www.mext.go.jp/a_menu/shotou/tokubetu/mext_00800.html（2022 年 8 月 7 日確認）

【引用・参考文献】

阿部利彦・赤坂真二・川上康則・松久眞実　2019　人的環境のユニバーサルデザイン―子どもたちが安心できる学級づくり―　東洋館出版社

American Psychiatric Association　2013　Diagnostic and Statistical Manual of Mental Disorders, Fifth Edition（DSM-5）. Washington, DC: American Psychiatric Association.（日本精神神経学会監修　高橋三郎・大野裕監訳　2014　DSM-5 精神疾患の診断・統計マニュアル　医学書院）

深沢和彦　2017　障害の理解と対応　河村茂雄（編）学級担任が進める特別支援教育の知識と実際　図書文化社　pp.24-31.

河村茂雄・武蔵由佳　2017　通常学級における特別支援の必要な児童の在籍状況と学級集団の状態との関連　教育カウンセリング研究 , 8, 25-31.

武蔵由佳・河村茂雄　2019　通常学級における特別支援の必要な児童の支援のあり方の検討―学級集団の影響を考慮して―　教育カウンセリング研究 , 9, 9-14.

末吉彩香　2019　発達障害　柘植雅義＆「インクルーシブ教育の未来研究会」（編）小中学生のための障害用語集　金剛出版　pp.116-117.

第10章　特別活動について

1　特別活動って何だろうか？を改めて問い直してみよう。

　まずは目標をおさえておこう。さまざまなことが書かれているが、ポイントは集団活動を通して社会的に自立していくというところにあります。それは、価値実現のための学びであるといえます。学習指導要領第5章の第1「目標」では、次のように示してあります。

> 　集団や社会の形成者としての見方・考え方を働かせ，様々な集団活動に自主的，実践的に取り組み，互いのよさや可能性を発揮しながら集団や自己の生活上の課題を解決することを通して，次のとおり資質・能力を育成することを目指す。
>
> 　(1) 多様な他者と協働する様々な集団活動の意義や活動を行う上で必要となることについて理解し，行動の仕方を身に付けるようにする。
>
> 　(2) 集団や自己の生活，人間関係の課題を見いだし，解決するために話し合い，合意形成を図ったり，意思決定したりすることができるようにする。
>
> 　(3) 自主的，実践的な集団活動を通して身に付けたことを生かして，集団や社会における生活及び人間関係をよりよく形成するとともに，人間としての生き方についての考えを深め，自己実現を図ろうとする態度を養う。・・・・・このあたりは主権者教育・シチズンシップ教育に通じる
>
> 　【特別活動編】中学校学習指導要領（平成29年告示）解説で検索　＊以下「解説」と略す
> 　https://www.mext.go.jp/content/20210113-mxt_kyoiku01-100002608_2.pdf　Ｐ11〜p12参照

2　特別活動3つ柱

　特別活動では、学級活動　生徒会活動　学校行事の3つの柱がたてられていて、年間35時間が設定されています。みなさんの中には「えっ！？学級活動が特別活動なの？」って、反応が聞こえてきそうですね。学級活動は「特別」なものというよりかは、学校生活のホームベースの日常風景ですからなおさらです。生徒会活動もそうですよね。これって、時間割にはないし、立候補した人たちが取り組んでるという印象で、どこまでみんなの活動になっているのか実感はわかないかもしれません。じゃ、特別活動っていったい何だろうか？何をねらいとした教科外活動なのか？なぜ、私は、特別活動を実感として捉えきれなかったのか？も含めて、その振り返りと共に考えていきたいと思います。

3　特別活動は何を目指す教育活動なのか？

【「解説」第2章「特別活動の目標 p11 〜 p22 を参照】

　特別活動は、「集団や社会の形成者としての見方・考え方」を働かせながら「様々な集団活動に自主的、実践的に取り組み、互いのよさや可能性を発揮しながら集団や自己の生活上の課題を解決

する」ことを通して、資質・能力を育むことを目指す教育活動です。つまり、我が国の学校教育の特徴とは集団活動を通して「個」を育てるというねらいがそこには見えてきます。

(1) 特別活動における「人間関係形成」、「社会参画」、「自己実現」の視点

　特別活動において育成を目指す資質・能力や、それらを育成するための学習過程の在り方を整理するに当たっては、これまで目標において示してきた要素や特別活動の特質、教育課程全体において特別活動が果たすべき役割などを勘案して、「**人間関係形成**」、「**社会参画**」、「**自己実現**」の三つを視点に整理してあります。右頁の図は、自己との関係から説明した学びの地図です。

　以下説明を「解説」より抜き出しておきます。

　「**人間関係形成**」は、集団の中で、人間関係を自主的、実践的によりよいものへと形成するという視点である。人間関係形成に必要な資質・能力は、集団の中において、課題の発見から実践、振り返りなど特別活動の学習過程全体を通して、個人と個人あるいは個人と集団という関係性の中で育まれると考えられる。年齢や性別といった属性、考え方や関心、意見の違い等を理解した上で認め合い、互いのよさを生かすような関係をつくることが大切である。なお、「人間関係をよりよく形成すること」は同じ視点として整理している。

　「**社会参画**」はよりよい学級・学校生活づくりなど、集団や社会に参画し様々な問題を主体的に解決しようとするという視点である。社会参画のために必要な資質・能力は、集団の中において、

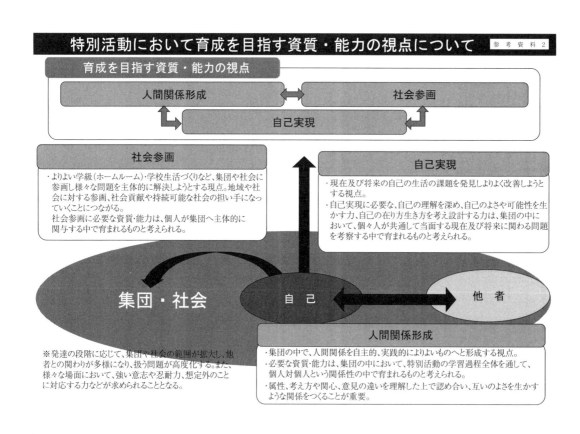

自発的、自治的な活動を通して、個人が集団へ関与する中で育まれるものと考えられる。学校は一つの小さな社会であると同時に、様々な集団から構成される。学校内の様々な集団における活動に関わることが、地域や社会に対する参画、持続可能な社会の担い手となっていくことにもつながっていく。なお、社会は、様々な集団で構成されていると捉えられることから、学級や学校の集団をよりよくするために参画することと、社会をよりよくするために参画することは、「社会参画」という意味で同じ視点として整理している。

　「自己実現」は、一般的には様々な意味で用いられるが、特別活動においては、集団の中で、現在及び将来の自己の生活の課題を発見しよりよく改善しようとする視点である。自己実現のために必要な資質・能力は、自己の理解を深め、自己のよさや可能性を生かす力、自己の在り方や生き方を考え設計する力など、集団の中において、個々人が共通して当面する現在及び将来に関わる課題を考察する中で育まれるものと考えられる。

集団や社会の形成者としての見方 考え方を働かせる

学級や学校は、生徒にとって最も身近な社会である。生徒は学級や学校という社会での生活の中で、様々な集団活動を通して、多様な人間関係の築き方や、集団の発展に寄与すること、よりよい自分を追求することなどを学ぶことになる。生徒は、学年・学校段階が上がるにつれて人間関係や活動の範囲を広げ、特別活動で身に付けたこのような資質・能力と、教科等で学んだことを、地域・社会などその後の様々な集団や人間関係の中で生かしていく。

　こうした学習の過程においては、特別活動ならではの「見方・考え方」を働かせることが重要である。今回の改訂で各教科等の目標に位置付けられた「見方・考え方」は、各教科等の特質に応じた、各教科等ならではの物事を捉える視点や 考え方であり、各教科等を学ぶ意義の中核をなすものである。

　特別活動の特質が、課題を見いだし解決に向けて取り組むという実践的な学習であるということや、各教科等で学んだことを実際の生活において総合的に活用して実践するということにあることから考え、特別活動の特質に応じた見方・考え方は「集団や社会の 形成者としての見方・考え方」として示した。

　「集団や社会の形成者としての見方・考え方」を働かせるということは、各教科等の見方・考え方を総合的に働かせながら、自己及び集団や社会の問題を捉え、よりよい人間関係の形成、よりよい集団生活の構築や社会への参画及び自己の実現に向けた実践に結び付けることである。こうした「見方・考え方」は特別活動の中で働くだけでなく、大人になって生活していくに当たっても重要な働きをする。

様々な集団活動に自主的、実践的に取り組み、互いのよさや可能性を 発揮しながら集団や自己の生活上の課題を解決する

今回の改訂では、資質・能力を育成するために、「様々な集団活動に自主的、実践的に取り組み、互いのよさや可能性を発揮しながら集団や自己の生活上の課題を解決すること通して」という学習の過程が示されている。このあたりが、「活動を通して」学ぶということであり、そのフィールドが学級であり、生徒会であり、学校行事である。

4　特別活動の変遷

（1）「自由研究」として始まった特別活動　昭和 22 年学習指導要領一般編 - 試案 -

　戦後初の「学習指導要領」（試案）を読んだことがありますか？一読してもらえばわかるのですが、今の学習指導要領の基調とは随分と違っていて、戦争の反省に立って、教育の理想はどうあるべきか、またこの国の未来を担う子どもたちにどのような学力を育てるべきかが熱く語られています。戦後教育の原点を忘れないために、教育にかかわろうとする皆さんには、ぜひとも読んでほしい内容です。

　「自由研究」は今日的には、「特別活動」というよりかは、「総合的な学習の時間」に近いものがあります。教科を通して、異学年での協働など、新学習指導要領との重なり部分も見られます。

（2）「自由研究」から「特別教育活動」へ　昭和 26 年学習指導要領

　ここでは、子どもたちの自主的な決定権を尊重し、民主主義とその手続きを学び、公民という民主主義の形成者としての「市民」の資質を学ぶことが目標とされている。このあたりは、今日の「特別活動」のねらいとどういう点で同じであって、または違っているのだろうか？特別教育活動における、「なすことによって学ぶ」という原則は、特に特別教育活動に強く貫かれている。特別教育活動は、生徒たち自身の手で計画され、組織され、実行され、かつ評価されねばならない。もちろん、教師の指導も大いに必要ではあるが、それはいつも最小限度にとどめるべきである。このような種類の活動によって、生徒はみずから民主的生活の方法を学ぶことができ、公民としての資質を高めることができるのである。ここでは、特別教育活動の領域が示された。特別教育活動の領域は、広範囲にわたっているが、ホームルーム、生徒会、クラブ活動、生徒集会はその主要なものである。

（3）「特別活動」へ　昭和 44 年学習指導要領

この学習指導要領で「特別活動」という名称となり、目標と内容が決まり、その後の改訂を経て今日の学習指導要領の形へと引き継がれていきます。

```
第 4 章□特別活動
□第 1□目□標
□教師と生徒および生徒相互の人間的な接触を基盤とし、望ましい集団活動を通して豊かな充実した学校生活を経験させ、もって人格の調和的な発達を図り、健全な社会生活を営む上に必要な資質の基礎を養う。このため、
1 自律的、自主的な生活態度を養うとともに、公民としての資質、特に社会連帯の精神と自治的な能力の育成を図る。
2 心身の健全な発達を助長するとともに、現在および将来の生活において自己を正しく生かす能力を養い、勤労を尊重する態度を育てる。
3 集団の一員としての役割を自覚させ、他の成員と協調し友情を深めて、楽しく豊かな共同生活を築く態度を育て、集団の向上発展に尽くす能力を養う。
□第 2□内□容
 A 生徒活動 生徒会活動 クラブ活動 学級会活動
 B 学級指導 (1) 個人的適応に関すること (2) 集団生活への適応にかんすること
　　　　　　 (3) 学業生活に関すること (4) 進路の選択にかんすること (5) 健康・安全に関すること
 C 学校行事 (1) 儀式的行事 (2) 学芸的行事 (3) 体育的行事 (4) 修学旅行的行事
　　　　　　 (5) 保健・安全の行事 (6) 勤労・生産的行事
```

```
Work
```

　各時代の「学習指導要領」におけるねらいを読み解きながら、今日までの「特別活動」の変遷

を、そこに表われた「個人」や「集団」はどのように（市民的資質・能力の形成として）位置づけられてきたかに焦点化して、800字〜1200字程度で述べなさい。

□昭和22年学習指導要領では、特別活動は、「自由研究」として始まった。教科の学習は、いずれも児童の自発的な活動を誘って、これによって学習がすすめられるようにして行くことを求めている。しかし、児童の個性によって、一定の学習時間では、その興味のある活動の要求を満足させることができない場合、自由研究の時間を用いることで、個性の伸長に資し、様々な活動ができるようになる。
□昭和26年学習指導要領では、特別教育活動は、生徒たち自身の手で計画され、組織され、実行され、かつ評価されねばならない。教師の指導も大いに必要ではあるが、それはいつも最小限度にとどめるべきである。このような種類の活動によって、生徒はみずから民主的生活の方法を学ぶことができ、公民としての資質を高めることができる。また、特別教育活動の領域は、広い範囲にわたっているが、ホームルーム、生徒会、クラブ活動、生徒集会はその主要なものである。
□ホームルームでは、個人としての成長を望みながら、団体として啓発し合うことで成長発達の指導を受ける機会をもち、人格尊重の理想を行為に生かし、責任や義務をじゅうぶんに果し、習慣と態度を養う。さらに、よい社会生活に必要なあらゆる基礎的な訓練の場をもつこともできる。
□生徒会では、生徒を学校活動に参加させ、立派な公民となるための経験を生徒に与えるためにつくられるものである。生徒は、生徒会の活動によって、民主主義の原理を理解することができ、奉仕の精神や協同の精神を養い、さらに団体生活に必要な道徳を向上させることができる。
□クラブ活動では、全生徒が参加して、自己的に活動するものである。生徒の団体意識を高め、やがてそれが社会意識となり、よい公民としての資質を養うことになる。また、秩序を維持し、責任を遂行し、自己の権利を主張し、いっそう進歩的な社会をつくる能力を養うこともできる。
□生徒集会では、全校生徒が一堂に会して、生徒がみずから企画し、司会することによって、上級生も下級生も、進んで語り合い、発表し合うこととなる。生徒の個性の成長を促すとともに、よい校風をかもし出すことができる。
□昭和44年学習指導要領では、教師と生徒および生徒相互の人間的な接触を基盤とし、望ましい集団活動を通して豊かな充実した学校生活を経験させ、もって人格の調和的な発達を図り、健全な社会生活を営む上に必要な資質の基礎を養う。内容においては、学級指導、学校行事がさらに追加された。
□昭和28年学習指導要領では、よりよい学校教育を通じてよりよい社会を創るという目標を共有し、社会と連携・協働しながら、未来の創り手となるために必要な資質・能力を育む「社会に開かれた教育課程」の実現を目指す。そして、「何ができるようになるか」「何を学ぶか」「どのように学ぶか」を見直し、主体的・対話的で深い学びの視点から学校教育における質の高い学びを実現し、学習内容を深く理解し、資質・能力を身に付け、生涯にわたって能動的に学び続けるようにする。

5　学級活動

【「解説」第3章第1節「学級活動」　ここでは p40 〜 p62 を参照】

　生徒は基本的に学級に帰属して学校生活を送ります。そのため、比較的学級活動についてはイメージしやすいかと思います。それが前提となっているために、逆になぜ学級活動が必要なのか？また学級の役割とは何なのか？についてはあまり考える機会はなかったかもしれません。「いじめ」や「スクールカースト」など、学校臨床の多くは学級の人間関係のもつれから生じます。もっとも、最近は子ども食堂にも表れてきているように、子どもの貧困問題、つまり格差社会に起因する、社会的要因も学級に大きな影を投げかけています。子どもたちを取り巻く様々な悩みや課題が、学級の一人一人の子どもたちの具体的な日々の姿を通してぶつかり合う場所、それが学級です。そこに担任がいます。

　問題の根が深く広く、多様であるため、1人で抱えるのではなくチームでカンファレンスしていくのが今のクラス担任の学級運営の基本です。つまり、自分1人だけの経験知だけではカバーしきれず、指導の方針を誤ってしまい、子どもや保護者を混乱させ、また自分自身を追い込んでしまうことになるからです。その学級づくりには大きく2つの側面があると考えられます。

【1】生活指導としての学級活動

　これは、「仲間づくり」「集団づくり」を主題としたものである。学級や学校での生活をよりよくするための課題を見いだし、解決するために話し合い、合意形成し、役割を分担して協力して実践したり、学級での話合いを生かして自己の課題の解決及び将来の生き方を描くために意思決定して実践したりすることに、自主的、実践的に取り組むことを通して資質・能力を育成することを目指します。

【2】学級文化を創造する学級活動

　これは、集団だからこそ得られる多様な個性の協働が織りなす文化創造の経験を主題とするものである。学級は単に授業を受ける場所だけにとどまらず、担任のリーダーシップ、フォロワーシップが生徒たちの協働と響きあって学級を育んでいきます。それが、学級の個性であり、学級の文化

のかたちであります。

＊国立教育政策研究所・教育課程研究センター　学級・学校文化を創る特別活動・担任必携（中学校）

https://www.nier.go.jp/kaihatsu/pdf/tokkatsu_j_leaf.pdf

Work　「学級びらき」の話を書いてみよう

中学校に入学して、小学校の自分から新たな自分のスタートへと希望に胸膨らませていると同時に、不安も抱えている新入生。あたらしい学級・学校生活をスタートするにあたって子どもたちの「思いや願い」をこの学級で、どう実現していくのか、また担任の紹介（ひととなり）とともに学級づくりの願いも込めて書いてみましょう。対象生徒を意識して、10〜15分程度の話す内容で書いてください。書きあがったら必ず一度声に出して読んでみてください。

> みなさん、小学校から中学校になった今、どんな気持ちで過ごしていますか？おそらく、みなさんの中にはそれぞれ、小学生から中学生になったことにより、新しい場所での生活に期待や不安があると思います。部活動や委員会活動はどうするか、新しい友だちはできるか、勉強についていけるか。そういった、小学校とはまた違う学校生活に、期待や不安があるでしょう。
> □そんなみなさんに伝えたいことがあります。それは、この学級は一つの仲間だということです。ここにいるみなさんは、学級や学校生活をよりよいものにするために助け合い、協力し合う仲間です。なぜなら、ここにいるみなさんとは一年間、共に過ごすことになるからです。全員と友達になれとは先生は言いません。友達になるためには相性が良くなければならないので、学級全員と友達になるというのは人によっては難しいと思うからです。ただ、一年間共に過ごす仲間なので、何かあったときには力になってあげてほしいのです。
> □みなさんの中には、「こういう学級、学校生活を送りたい」という思いや願いがあると思います。その思いや願いを叶えるためには、みなさん一人ひとりの協力が必要です。そのため、みなさんのそれぞれの課題をそれぞれ自分の課題として捉え、たくさんの意見を出して話し合えるような学級づくりをしていきたいと思います。初めは小さなことからでもいいので、話し合って解決していくという感覚をどんどんつかんでいきましょう。
> □例えば、学校行事の話し合いなどがあります。班決めやリーダー決め、何をやるのかなど、様々な話し合いが行われます。このとき、みなさんの中の誰か一部の意見だけではなく、みなさん全員の意見を聞いていけたらいいと思います。それができれば、他の問題を解決するときにも、みなさんの意見を聞いて解決策を見つけることができるようなるでしょう。もちろん、先生もみなさんの問題が解決するように手助けをします。
> □それから、みなさんには話し合いなどを通してお互いのことを理解しようとする心を育ててほしいと思います。先生もみなさんと話をしたり関わっていく中で、みなさんのことを理解していきたいと思っています。先生は話をするのが好きなので、たくさんの話を通して、みなさんとこの一年間を楽しく過ごしていきたいです。中には、話をするのが苦手だという人もいると思います。そんな人はまずは難しく考えずに、自分の思っていることを言葉以外でもいいので相手に伝えられるようにしてみましょう。絵でも何でもいいです。自分の得意なことややすきなことを活かしましょう。
> □みなさんにはこの学級で過ごす仲間とたくさん話をして、困ったときには助け合えるように相手のことを理解してほしいと思います。そして、みなさんの学級、学校生活がよりよいものとなるようにしていきましょう。

6　生徒会活動

【「解説」第3章第2節「生徒会活動」　ここでは p74 〜 p80 を参照】

　中学以上になると、学校行事の運営の一端を担ったり、学校生活の改善に向けた要望活動などに取り組んだり、よりよい学校生活の運営に向けた自分たちの創意工夫を、全体の総意で行っていく活動＝「自治」を学んでいきます。子どもたちが、民主主義というこの社会への参画の在り方を考え、身につけていくためのとても大切な学び、それが「生徒会活動」です。

　中学校での生徒会活動は、生徒が自発的、自治的活動を行なう機会であり、また異学年との交流を深める場として位置づけられています。学校の全生徒を組織する生徒会で、生徒は一人ひとりの役割に活動意欲を持ち、創意工夫しながら社会生活の基盤を培います。中学校学習指導要領において生徒会活動は、集団の一員として協力し充実した学校生活に主体的に関わる能力育成を目標とする、「特別活動」のひとつとして設定されています。

■生徒会は、生徒による自治的活動

生徒会は全校生徒が会員であり、生徒による生徒のための活動組織です。生徒会本部は、役員選挙によって選ばれた生徒が運営します。その本部が指揮を執り、各種委員会と各学級が連携しなが

ら、学校内での自分たちの生活の充実や学校生活の改善、向上のために、自発的に自治的活動を行なうのが生徒会活動です。

■生徒会活動の目標

生徒会活動の目標については、中学校学習指導領で以下のように示されています。「生徒会活動を通して、望ましい人間関係を形成し、集団や社会の一員としてより良い学校生活づくりに参画し、協力して諸問題を解決しようとする自主的、実践的な態度を育てる。」

■生徒会活動の内容

具体的な活動は、中学校の学習指導要領により、以下の通り示されています。①生徒会の計画や運営学校生活における規律と良き校風の確立のための活動環境の保全や美化のための活動好ましい人間関係を深めるための活動身近な問題の解決を図るための活動②異年齢集団による交流③生徒の諸活動についての連絡調査④学校行事への協力⑤ボランティア活動などの社会参加その他、清掃活動や美化運動、緑化運動、リサイクル活動なども、生徒会で取り組む活動例として上げられます。こうした学校の環境整備は愛校心を育む良い機会に。また問題解決にあたり、家庭や地域との連携、協力を図ることも想定され、生徒自身の気づきによっては地域のボランティア活動へと発展するなど、社会の一員としての役割意識の育成にもつながります。

7　学校行事

【「解説」第3章第3節「学校行事」　ここでは p92 〜 p104 を参照】

　学校には行事がつきものです。行事を学年暦の柱としてるようなところもあります。逆に言えば、「行事のない学校はない」ともいえます。学校で最初の日である入学式、もちろんこれも学校行事（儀式的行事）です。教室に入り同級生と顔を合わせ、入場して学年に出会い。体育館で、全校生徒の中の一人になる。異年齢集団が集まる学校行事。子どもたちは、同学年の集団、異年齢の集団、地域社会（様々な年齢階層）のなかで学び育っていきます。

　子どもたちが学校行事から学ぶものとは何だろうか？学校行事は誰が主体となって、どのように企画され、具体的にそこで何が取り組まれるのでしょうか？そもそも　学校行事はなぜ必要なのでしょうか？あなた自身の体験を振り返りながら、学校行事を考えていきましょう。

学校行事には大きく2つの役割があります。

　【1】自発的・自治的な活動を通して学校生活を楽しく豊かにする実現の場。

　　これは、個人が主体的に参加するとはどういうことかを主題としたものである。

　【2】学校文化を創造する実践の場。

　　異年齢集団の特色を生かし、また地域の方の協力も得ながら、対話的に協働が織りなす場。

　　文化創造の経験を積み上げる（参画する）ことを主題とするものである。

学習指導要領第6章の第2〔学校行事〕の1「目標」では次のように示されている。

全校又は学年の児童で協力し、よりよい学校生活を築くための体験的な活動を通して、集団への所属感や連帯感を深め、公共の精神を養いながら、第1の目標に掲げる資質・能力を育成することを目指す。

学校行事は以下の通りである。そのねらいと内容は、指導要領解説にて各自確認しておこう。

ア　儀式的行事

　入学式、卒業式、始業式、終業式、修了式、立志式、開校記念に関する儀式、新任式、離任式など。

イ　文化的行事

　文化祭（学芸会）、学習発表会、音楽会（合唱祭）、作品発表会（展覧会）、音楽鑑賞会、映画や演劇の鑑賞会、伝統芸能等の鑑賞会や講演会など。

ウ　健康安全・体育的行事

　健康診断、疾病予防、交通安全を含む安全指導、薬物乱用防止指導、非常災害の際に備えての避難訓練や防災訓練、健康・安全に関する意識や実践意欲を高める行事、体育祭（運動会）、各種の球技大会や競技会など。

エ　旅行・集団宿泊的行事

　遠足、修学旅行、移動教室、集団宿泊、野外活動など。

オ　勤労生産・奉仕的行事

　「就業体験（インターンシップ）、各種の生産活動、上級学校や職場の訪問・見学、全校美化の行事、地域社会への協力や学校内外のボランティア活動など。

Work　校外学習のしおりを作ろう

　A3（またはB4）版1枚程度に収まるように、校外学習のしおりを作ろう。（裏面は、地図を掲載）用紙を4分割し、グループで必要な事項を検討して箇条書きにし、分担してページを構成してみましょう。（横置き、横書き）条件設定は以下の通りです。

条件設定		
1　対　　　象	大阪市内の高等学校（最寄り駅「上本町」）	
	第1学年の1学級（40名：男子23名、女子17名）	
2　目　的　地	奈良県奈良市　ならまち周辺　ならびに　奈良国立博物館	
3　日　　　程	5月中旬の1日	
4　行動形態	グループ行動	
5　交通手段	バス、鉄道などの公共交通機関または貸切バス等を予算・目的に応じて選択	
6　引　率　者	学級担任、副担任（必要に応じて1名まで追加可能）	
7　予　　　算	後日、生徒から徴収	

→ …… → …… 4 ページ目	→ …… → …… 1 ページ目
3 ページ目 ← …… ← ……	2 ページ目 …… ← …… ←

【記入する内容】

1 ページ目　表題　イラスト

2 ページ目 (1) 旅行方面　(2) 実施日　(3) 目的　(4) 集合・解散　(5) 旅程　(6) 服装
　　(7) 持ち物　(8) 費用　(9) 引率　(10) 連絡先（学校）

3 ページ目　グループ編成表ならびに各グループ活動のテーマとねらい

　　例：世界遺産　伝統工芸　古美術　奈良の鹿　町づくり　信仰と暮らし　ランドスケープ　等

4 ページ目　活動の記録・メモ

　　このページには、自身が設定したコースとねらいについて調べたことを記入しておく。

＊本来であれば、事前・事後の学習計画、ならびにグループ編成やコースについての話し合いの時間が設定されるが、
　ここでは割愛する。

【参考となる資料】

・ならまちお散歩マップ　https://www.kintetsu.co.jp/nara/naramachi/
　　　　　ここから、マップやリーフレットをダウンロード

・奈良 SDGs 学び旅　　https://nara-manabitabi.com/
　　　　　SDG ｓをねらいとした校外学習を企画してみよう。

【引用・参考文献】

文部科学省　平成 29 年 7 月　『中学校学習指導要領解説　特別活動編』
文部科学省　平成 30 年 7 月　『高等学校学習指導要領解説　特別活動編』
その他　図版等は文部科学省ホームページより引用した。

第11章　総合的な学習の時間とその実践

「中学校学習指導要領解説　総合的な学習の時間編」（以下、「解説」）によれば、総合的な学習の時間は、平成10年（高等学校は平成11年）の学習指導要領の改訂において、小・中・高等学校の教育課程に新たに創設された領域で、各学校が地域や学校、生徒の実態に応じて、横断的・総合的な学習など創意工夫を生かした教育活動を行うようにしたものである。しかし、2000年前後の「学力低下論争」やOECD（経済協力開発機構）の「生徒の学習到達度調査（PISA）」の結果などから、この教育課程が完全実施される直前の平成14年1月に、文部科学省は、確かな学力の向上のための2002アピール「学びのすすめ」を発表し、それまでの「ゆとりと充実」路線から「学力向上」路線へと舵を切りました。平成15年には、学習指導要領の一部改正が行われ、具体的には、次のような内容が学習指導要領に位置づけられました。

① 総合的な学習の時間についても、各教科や道徳、特別活動で身に付けた知識や技能等を関連付け、学習や生活に生かし、総合的に働くようにすること
② 各学校において総合的な学習の時間の目標および内容を定めるとともにこの時間の全体計画を作成する必要があること
③ 教師が適切な指導を行うとともに学校内外の教育資源の積極的な活用を工夫する必要があること

平成20年1月の中央教育審議会答申「幼稚園、小学校、中学校、高等学校及び特別支援学校の学習指導要領等の改善について」では、総合的な学習の時間についても、次のような基本方針にまとめられました。

まず、「総合的な学習の時間は、変化の激しい社会に対応して、自ら課題を見つけ、自ら学び、自ら考え、主体的に判断し、よりよく問題を解決する資質や能力を育てることなどをねらいとすることから、思考力・判断力・表現力等が求められる「知識基盤社会」の時代においてますます重要な役割を果たすもの」であるとして基礎的・基本的な知識・技能の定着およびその活用は、教科で行うことを前提に総合的な活動の時間では、**探求的な活動を担う**こととし、子どもたちの思考力・判断力・表現力等を育むべきであるとその趣旨を示しています。

それでは次に総合的な学習の時間の目標について見ていきましょう。

1　総合的な学習の時間の目標

> 横断的・総合的な学習や探究的な学習を通して，自ら課題を見付け，自ら学び，自ら考え，主体的に判断し，よりよく問題を解決する資質や能力を育成するとともに，学び方やものの考え方を身に付け，問題の解決や探究活動に主体的，創造的，協同的に取り組む態度を育て，自己の生き方を考えることができるようにする。

この総合的な学習の時間の目標は、「解説」に以下のように分けて説明されています。

(1) 横断的・総合的な学習や探究的な学習を通すこと

　横断的・総合的な学習は、たとえば、国際理解、情報、環境、福祉・健康などの横断的・総合的な課題、生徒の興味・関心に基づく課題、地域や学校の特色に応じた課題等、一つの教科等の枠に収まらない課題について取り組むこと。探究的な学習とは、①日常生活や社会に目を向けたときに湧き上がってくる疑問や関心に基づいて、自ら課題を見付け、②そこにある具体的な問題について情報を収集し、③その情報を整理・分析したり、知識や技能に結び付けたり、考えを出し合ったりしながら問題の解決に取り組み、

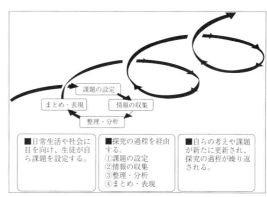

探究的な学習における生徒の学習の姿
出典：文部科学省「中学校学習指導要領解説　総合的な学習の時間編」平成20年3月育成すること

　④明らかになった考えや意見などをまとめ・表現し、そこからまた新たな課題を見付け、さらなる問題の解決を始めるといった学習活動を発展的に繰り返していくその学習のの過程。探究的な学習とは、物事の本本質を探って見極めようとする一連の知的営みのことである。

(2) 自ら課題を見付け、自ら学び、自ら考え、主体的に判断し、よりよく問題を解決する資質や能力を育成すること

　日常生活や社会には、解決すべき問題が多方面に広がっている。その問題は、複合的な要素が入り組んでいて、答えが一つに定まらず、容易には解決に至らないことが多い。「自ら課題を見付け」とは、そうした問題と向き合って、自分で取り組むべき課題を見出すことである。

　「自ら学び、自ら考え、主体的に判断し」とは、自ら見付けた課題に関して主体的に学習活動を繰り広げ、<u>自分なりに納得できる答えを探し求め、判断していく</u>ことである。それには、見通しや計画を立て、多様な情報を収集し、整理・分析するなどして考え、まとめていく等の学び方やものの考え方を、様々な対象に適用できるように育てていくこと。

　「よりよく問題を解決する」とは、解決の道筋がすぐには明らかにならない、唯一の正解が得られないなどのことについても、自らの知識や技能等を総動員して、目前の具体的な問題に粘り強く対処し解決しようとすることである。

(3) 学び方やものの考え方を身に付けること

　課題の見付け方やつくり方、目的や意図に応じた情報の集め方や調べ方、整理・分析の仕方、まとめ方や表現の仕方、報告や発表・討論の仕方など。見通しや計画の立て方、記録のとり方や活用の仕方、コミュニケーションの取り方、振り返りや意思決定、自己評価の仕方。とりわけ、<u>自分の生活や生き方と結び付けて物事をとらえる見方や考え方を大切にする</u>ことが望まれる。各教科等で

身に付けた、比較する、分類する、関連付ける、類推する、多面的・多角的に物事を見るなどのものの見方や考え方を、学習活動において総合的に活用できること。

(4) 問題の解決や探究活動に主体的、創造的、協同的に取り組む態度を育てること

　これからの社会においては、「自己との対話を重ねつつ、他者や社会、自然や環境と共に生きる、積極的な「開かれた個」であることが求められる」と指摘されたように、他者と協力しながら身近な地域社会の課題の解決に主体的に参画し、その発展に貢献しようとする態度をはぐくむことが必要とされるからである。そのために、お互いに考えや意見を出し合い、見通しや計画を確かめ合い、他者の考えを受け入れながら、問題の解決や探究活動を協同して行う学習経験の積み重ねが大切になる。…こうした幅広い交流活動は、他者の生き方を自己の生き方や将来の姿と重ね合わせることによって、他者のよさを発見し、自分のよさを自覚する機会とすることが期待できる。また、地域社会に参画しようとする意識を高めることにもつながる。

(5) 自己の生き方を考えることができるようにすること

　一つには、人や社会、自然とのかかわりにおいて、自らの生活や行動について考えていくことである。社会や自然の中に生きる一員として、何をすべきか、どのようにすべきかなどを考えることである。二つには、自分にとっての学ぶことの意味や価値を考えていくことである。取り組んだ学習活動を通して、自分の考えや意見を深めることであり、また、学習の有用感を味わうなどして学ぶことの意味を自覚することである。これらの二つを生かしながら、学んだことを現在及び将来の自己の生き方につなげて考えることが三つ目である。学習の成果から達成感や自信をもち、自分のよさや可能性に気付き、自分の人生や将来、職業について考えていくことである。

2　具体的な学習課題や指導計画をどのように構築していけばよいのか

　学習指導要領では、指導計画の作成と内容の取り扱いについて、次のように示されています。

1　指導計画の作成に当たっては，次の事項に配慮するものとする。
(1)　全体計画及び年間指導計画の作成に当たっては，学校における全教育活動との関連の下に，目標及び内容，育てようとする資質や能力及び態度，学習活動，指導方法や指導体制，学習の評価の計画などを示すこと。その際，小学校における総合的な学習の時間の取組を踏まえること。
(2)　地域や学校，生徒の実態等に応じて，教科等の枠を超えた横断的・総合的な学習，探究的な学習，生徒の興味・関心等に基づく学習など創意工夫を生かした教育活動を行うこと。
(3)　第2の各学校において定める目標及び内容については，日常生活や社会とのかかわりを重視すること。
(4)　育てようとする資質や能力及び態度については，例えば，学習方法に関すること，自分自身に関すること，他者や社会とのかかわりに関することなどの視点を踏まえること。
(5)　学習活動については，学校の実態に応じて，例えば国際理解，情報，環境，福祉・健康などの横断的・総合的な課題についての学習活動，生徒の興味・関心に基づく課題についての学習活動，地域や学校の特色に応じた課題についての学習活動，職業や自己の将来に関する学習活動などを行うこと。

---

(6)　各教科，道徳及び特別活動で身に付けた知識や技能等を相互に関連付け，学習や生活において生かし，それらが総合的に働くようにすること。

(7)　各教科，道徳及び特別活動の目標及び内容との違いに留意しつつ，第1の目標並びに第2の各学校において定める目標及び内容を踏まえた適切な学習活動を行うこと。

(8)　各学校における総合的な学習の時間の名称については，各学校において適切に定めること。

(9)　第1章総則の第1の2及び第3章道徳の第1に示す道徳教育の目標に基づき，道徳の時間などとの関連を考慮しながら，第3章道徳の第2に示す内容について，総合的な学習の時間の特質に応じて適切な指導をすること。

2　第2の内容の取扱いについては，次の事項に配慮するものとする。

(1)　第2の各学校において定める目標及び内容に基づき，生徒の学習状況に応じて教師が適切な指導を行うこと。

(2)　問題の解決や探究活動の過程においては，他者と協同して問題を解決しようとする学習活動や，言語により分析し，まとめたり表現したりするなどの学習活動が行われるようにすること。

(3)　自然体験や職場体験活動，ボランティア活動などの社会体験，ものづくり，生産活動などの体験活動，観察・実験，見学や調査，発表や討論などの学習活動を積極的に取り入れること。

(4)　体験活動については，第1の目標並びに第2の各学校において定める目標及び内容を踏まえ，問題の解決や探究活動の過程に適切に位置付けること。

(5)　グループ学習や異年齢集団による学習などの多様な学習形態，地域の人々の協力も得つつ全教師が一体となって指導に当たるなどの指導体制について工夫を行うこと。

(6)　学校図書館の活用，他の学校との連携，公民館，図書館，博物館等の社会教育施設や社会教育関係団体等の各種団体との連携，地域の教材や学習環境の積極的な活用などの工夫を行うこと。

(7)　職業や自己の将来に関する学習を行う際には，問題の解決や探究活動に取り組むことを通して，自己を理解し，将来の生き方を考えるなどの学習活動が行われるようにすること。

Work1

　ここでは、総合の授業を構想してみようと思います。テーマは「ポストコロナ時代の地域社会の創造」についてです。いまみなさんが経験してるこの「コロナ禍における自由の制限」という地球史的なグローバルな出来事から私たちは何を学んでいるのか。他方、ローカルな視点で自分が住む地域では何が起こっているのか。問題意識が、「他人事」ではなく「自分事」として世界につながっていくために、「わたし（たち）」は地域から何を創り上げ、地域と世界を往還するグローカルな提言を発信していけるかを考えてみましょう。まず3つのカテゴリーから、自分の問題・関心を書きだしてみます。ネットまたは図書館を活用して、資料を集めてみましょう。

ローカル；　　地域で何が起こっているのか？　疫病と信仰　地域史に刻まれたモノ・コト
グローバル；　地球規模で何が起こっているのか？　環境破壊・地球温暖化と疫病・貧困・戦争
グローカル；　自分の足元（大学）で何が始まっているのか？　専門の学びに引き寄せて出来ること

書き出したものを付箋紙に書きだし、A3の用紙に付箋を3つの領域に配置しウエビングしてみよう。自分の関心がどこにあるか、問題の所在やその構造が「見える化」してきただろうか？
この完成したウエビングをできれば交流して、ブラッシュアップしていきましょう。

グローバル領域		ローカル領域
	ポストコロナ時代の地域社会の創造	
	グローカル領域	

次に、このウエビングを「新聞」というメディアで表現し、提言としてまとめていこう。

新聞づくりは「新聞づくりのテクニック高知新聞」が参考になります。https://www.kochinews.co.jp/sp/article/13712/

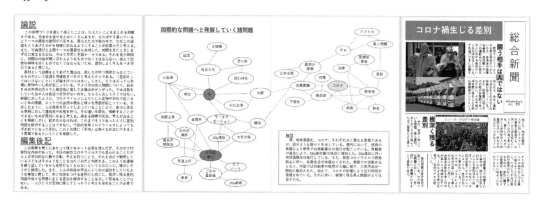

1面は、新聞名・見出し・調査記事や写真で埋め、関心を惹きます

2・3面は、ウエビングを載せ、その解説を書きます。4面は、論説と編集後記

⇒大きさはB4で4ページ仕立て　手書きも可

⇒補足　レイアウトの工夫に仮想広告を載せると面白くなります。

平成29年の改定では、これまでより「育成を目指す資質・能力」が明確化され、その実現のために、「主体的・対話的で深い学び」が強調されている。そのために、教育の質を上げるための学校規模での改善を図るためのカリキュラム・マネジメントの推進が求められれている。詳細は「中学校学習指導要領（平成29年告示）解説　総合的な学習の時間編」（平成29年7月・文部科学省）を参照。

3　総合的な探究の時間について

　ここまでは、中学校「総合的な学習の時間」について、その「学習指導要領解説」から総合的な学習の目的やねらい、その実践の枠組みや考え方について述べてきた。ここでは、『高等学校学習指導要領（平成30年告示）解説　総合的な探究の時間編』（以下「解説」と略す）から「総合的な探究の時間」（以下「探究の時間」）について補足しておきたい。

　今回の改訂では、従前からの「総合的な学習の時間」という名称が、高等学校から「学習」から「探究」へと名称がまず変わっている。その趣旨は、自己の在り方生き方に照らし、自己のキャリア形成の方向性と関連付けながら「見方・考え方」を組み合わせて統合させ、働かせながら、自ら問いを見いだし探究する力を育成するためとしている。

> 1　目標
> 　探究の見方・考え方を働かせ、横断的・総合的な学習を行うことを通して、<u>自己の在り方生き方を考えながら、よりよく課題を発見し解決していく</u>ための資質・能力を次のとおり育成することを目指す。

 (1) 探究の過程において、課題の発見と解決に必要な知識及び技能を身に付け、課題に関わる概念を形成し、探究の意義や価値を理解するようにする。

 (2) 実社会や実生活と自己との関わりから問いを見いだし、自分で課題を立て、情報を集め、整理・分析して、まとめ・表現することができるようにする。

 (3) 探究に主体的・協働的に取り組むとともに、互いのよさを生かしながら、新たな価値を創造し、よりよい社会を実現しようとする態度を養う。

そのために、教師はその授業の組み立てにおいて以下の配慮が求められている。

・<u>教科・科目等横断的なカリキュラム・マネジメントの軸となるよう、各学校が総合的な探究の時間の目標を設定するに当たっては</u>、各学校における教育目標を踏まえて設定する。

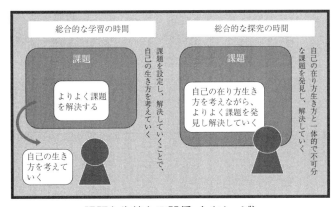

課題と生徒との関係（イメージ）

『高等学校学習指導要領（平成 30 年告示）解説　総合的な探究の時間編』より

 この「探究の時間」で取り上げられる内容（「何を学ぶのか」）、すなわち目標を実現するにふさわしい探究課題はどのようなものがあるのだろうか。「解説」では、4 つの探究課題が取り上げられている。

 (1) 横断的・総合的な課題（現代的な諸課題）

 (2) 地域や学校の特色に応じた課題

 (3) 生徒の興味・関心に基づく課題

 (4) 職業や自己の進路に関する課題

これらの課題設定は、SDGｓ（Sustainable Development Goals（持続可能な開発目標）の略称）の実現に向けた対応も可能であるといえる。【国際連合広報センター　https://sdgs。un。org/goals を参照のこと】また、各領域の具体的なテーマについては以下の通りである。これらのテーマにおいて生徒たちは探究的に関わり深める人・もの・ことと対話的に、そして協働的に出会っていく。

 (1) 国際理解、情報、環境、福祉、健康、資源エネルギー、食、科学技術

 (2) 町づくり、伝統文化、地域経済、防災

　（3）文化の創造、教育・保育、生命・医療

　（4）職業・勤労

4　評価について

　今回の学習指導要領改訂では、各教科・科目等の目標や内容が「知識及び技能」「思考力、判断力、表現力等」「学びに向かう力、人間性等」の資質・能力の三つの柱で再整理されている。

　「探究の時間」では、学習指導要領が定める目標を踏まえて各学校が目標や内容を設定する。そのため、評価に関しては各学校が設定した評価規準によって行われる。生徒に還していく評価は文章記述となる。そのためにも「探究の時間」の記録の積み上げが大切になる。各時間に行った学習活動及び評価の観点を記入した上で、それらの観点のうち、生徒の学習状況に顕著な事項がある場合などにその特徴を記入するなど、生徒にどのような力が身についたかを文章で記述していくのである。なお、具体的な指導計画、学習活動の評価法については基本的に中学校と同じである。「総合的な学習の時間」の項を参照してほしい。

　以上述べてきた「探究の時間」の授業は、知識・技能面に対応した即応的な学びというよりかは、ある程度の時間と経験を経て振り返ってみたときにその学びの意味が見えてくるものである。そのため、みなさんには実践された「探究の時間」の経験があり、それが少なからず授業のモデルとして引用されてくる。はじめから、既成のフォーマットやネット上のサンプルに沿って「探究の時間」の授業を構想するのも方法ではあるが、それではなぜそうするのかの位置づけや意味づけが、子どもや地域の実態や実践者の願いから離れていく。

　「探究の時間」すなわち「総合学習」に大切なのは、学びの全体を流れる文脈である。なるほどあの授業の「ねらい」はそういうことだったのか、だから準備はこのようにされていたのか、協働学習とはそういう意図があったんだ、それでこういう評価活動が必要だったんだね…というように、自身の「探究の時間」を振り返ってみたときに浮かび上がってくる文脈や学びを、自分の「今」に引き寄せて語れる物語がみえてくるだろう。それが、獲得された「知識・技能」であったり、「思考力、判断力、表現力」であり、自身の「学びに向かう力」であり、その学びを通して今ある自分の生き方や、そうしようとする人間性として立ちあがってくるのである。

Work2

　ここでは、Aさん（2回生）による実際に行われた「総合的な探究の時間」の振り返りの記述から、この授業がどのように意図し、構想された「探究の時間」の授業であったのかを「評価」を軸に読み取ってみよう。

私の小、中、部時代の「総合的な学習の時間」を振り返った中で1番印象に残っているものは、高校2年生の時にクラスの中でいくつかのグループに分かれて、「歯を綺麗にするための商品を企画し、クラスの中でプレゼンを行い、優秀班は学年の前でもう一度プレゼンを行い、その中で最も優秀だった班の企画が実際に商品化する」という総合の時間の学習である。このような授業内容になった経緯は、私の学校の昔の卒業生の方が独立し、会社を立ち上げて、海外などにも商品を広げていた。その方の会社は歯についてのものであった。

そして、今回新しい商品を考えるにあたって、若い学生などの豊かな発想を活用したいというのがその社長のコンセプトであった。学校側としては、こんな現実的な新商品企画を考えることは一生に一度あるかないかというほどのごく稀なことであり、グループで意見を出し合って話し合い、その中で決まったことを大勢の人たちの前で話すという経験をしてもらいたいということを狙いとしてこの授業内容を行うと決めたと考えられる。実際、初めに私はこの授業の内容を聞いたとき、自分たちが考えた商品が本当に商品化されて、世界の人々が買ったり、使ったりするなんて実現するのかなと驚いてあまり実感が湧かなかったことを覚えている。それに、自分たちは歯について「毎日歯を磨く。」「虫歯や歯に何か異変が起こったときは歯医者にいく。」などというようなごくごく一般的なことしか知らないのに、そのような人たちが新たに、しかも半年しかない前期という短い期間の中で良い商品を作れるのだろうかとも思っていた。

授業の中で実際、グループで意見を交換しながら商品を考えていく上で、いろいろな人に発想力があり、どんどんアイディアは出てきた。しかし、そのアイディアは実際の商品にするための費用、コンセプト、対象の人などと言った具体的な考えは入っていなかった。そのことも踏まえながら何度も何度も考え、話し合った結果、やっとグループで意見がまとまり、1つの商品に決定した。これまでの作業でも時間がかかったが、この後、どのようにすると商品がより売れるか、値段は何円に設定するかなどと言った疑問も出てきた。それらの疑問も解決して、やっとクラスでのグループ発表の日がやってきた。その日私たちは自信を持って商品企画を発表した。でも、他の班の発表は、私たちが考えたものよりもさらに上をいっており、消費者が買いたいと思うような商品であった。クラスの代表が全体で発表したときは、さらに素晴らしく、私も思わずすごいなぁ。と声に出してしまうほどのものであった。

この経験から、私はグループで1つのことを決定する難しさや、人によってそれぞれ違う発想力があり、社会に出るまでに1つの商品が色々な観点から吟味されていること、努力している人は自分が思っているよりも沢山努力していること、上には上がいること、など沢山のことを学んだ。一言で言うと、社会に出ると言うのはそれほど甘いものではない。そういう純粋な考えで企画する時こそ、特別良い商品が企画されると社長は考えたのではないかと考える。また、商品一つにしても私たちは普段あまりなにも考えず色々なものをその時々の必要な時に使用するが、こんなに沢山考えることがあり、何度も話し合ったりして、商品化される必要があるのだと初めてこんなに現実的にわかった。

今回、「社長は経験がある会社に貢献してきた人たちの企画ではなく、なぜ私たち学生に企画をまかせようと思ったのだろうか。」「また、なぜ大学生ではなく、高校生だった私たちに企画を頼んだのだろうか。」「会社で働いている大人の人と私たちの違いは何なのだろうか。」などと言う問いが私の中に残った。その問いの答えも、今時間が経ち、大学生になった私も改めて考えたが「答えはこれである。」とはっきり言えるほどの答えは見つかっていない。そのため、今の私の考えを書こうと思う。

会社で働いている人は、社長や上司、同僚などからのなんらかの圧迫感や、期限の締め切り、売上、成績など、私たち高校生にはないものも頭の片隅、もしくは頭のほとんどに入れておかなければならないし、むしろ勝手に意識しなくても入ってしまうものである。それに比べて、高校生はそのようなことを考えず純粋に「いいものを作りたい。」「他の班に負けないものを企画しよう。」「1人でも多くの消費者が商品を買って、喜んでくれる。」などという考えで頭の中がいっぱいになっている。そういう純粋な心で企画する時こそ、特別良い商品が企画されると社長は考えたのではないかと考える。また、社長はこれから色々な経験、学習などを積んで社会に出ていく私たち高校生の未来を考えて、私たちに実際に社会に出た時の仕事に近い経験をするチャンスを与えてくれたのではないかなとも考えられる。これから社会に出て、社会の大変さ、厳しさなどを知らないまま社会に出るより、出るまえに知っておく方が私たちにとっては絶対にいいと考えられるためである。□

大学生でなく、高校生の私たちを選んだ理由としては、大学生は高校生よりさらに大人に近づき、社会のことを少しずつ知って、高校生（子供）の純粋な心から離れてしまうからであると考える。会社で働いている人ほどではないが、「大人の人に気に入ってもらいたい。」「これで選ばれたら、この会社で働けるかもしれない。」などと言った、純粋な考えに少しの邪念が入ってしまうと考えられる。高校生でなく、小学生に頼むとさすがに責任感や、企画するときのルールなど、会社で働いている人や大学生とは逆に違う問題がでてきてしまうと考えられる。そのため、大学生でなく高校生の私たちを選んで、頼んでくれたのではないかなと考えられる。

これからのことから、私が疑問に思った問いの全てにおいて、同じことが言える。私が考える問いに対する答えは、「高校生がもつ純粋な心」を商品企画する際に大切にしたのではないだろうかということである。これは講義の中で述べられた、「主体的である前に、内発的である。」という言葉と似ているように思う。今回のことでいうと、色々なことを考えて、企画が出されるのではなく、内面から溢れ出すように何も考えすぎず、企画が出されることが大切であると私は思った。

今まで述べてきたこの「総合的な学習の時間」は、振り返ってみると、技術的な課題を超えて子どもとかかわる教師の生き方や大人社会のあり方自体が問われること、またその「問いを生きる」ことが人間存在の深まりのプロセスであると私は思うのである。なぜなら、今回のことでただ答えがある課題を考えるだけでなく、大人社会のあり方自体も問われ、今まで深く考えることがなかったようなことまで、考えることになったからである。これから私も教師を目指していく上で、今回学んだことを忘れず、子どもたちと心で繋がって、うまく思いや言葉を伝えれるようになれればいいなと思った。

問1　Aさんの「探究の時間」を読み解き、単元名、「内容のまとまり」「単元の目標」と「内容のまとまりごとの評価規準」を作成してみよう。作成を通して、この実践の「探究」の値打ちはどこにあったのか、またどのように「探究課題」が実現されたのかに留意して読み取ってほしい。

　なお、作成にあたっては国立教育政策研究所教育課程センター「『指導と評価の一体化』のための学習評価に関する参考資料　高等学校　総合的な探究の時間」令和3年8月　p43-p47を参照すること。特に、文末の書き方に特徴があるので留意して作成してほしい。

参考　https://www。nier。go。jp/kaihatsu/pdf/hyouka/r030820_hig_sougou。pdf

◇単元名：

【内容のまとまり】

目標を実現するにふさわしい探究課題	探究課題の解決を通して育成を目指す具体的な資質・能力		
	知識及び技能	思考力、判断力、表現力等	学びに向かう力、人間性等

【単元の目標】

探究課題	内容のまとまりごとの評価規準		
	評価の観点		
	知識・技能	思考・判断・表現	主体的に学習に取り組む態度

問2　自身の総合的な探究の時間の振り返りをAさんの記述を参照にして書いてみよう。書き上げたら次に、問1を模して自身が体験した「探究の時間」の構造を「評価」を軸に読み解いてみよう。

第12章　道徳教育について

1　「特別の教科　道徳」設置の経緯

　日本における道徳教育は、近年大きく変化している（少なくとも、変化することが求められている）。その代表的な出来事が、道徳の授業の位置づけの変化である。2015年に学習指導要領が一部改正されたことに伴い、道徳の授業は**「特別の教科　道徳」**（以下、道徳科）として新たなスタートを切ることとなった。小学校では2018（平成30）年度から、中学校で2019（平成31）年度から、道徳科が全面実施されている。

　そもそも、戦後日本の道徳教育は、1958（昭和33）年に特設された「道徳の時間」を要としながら、各教科や総合的な学習の時間、特別活動等も含めた学校教育活動全体を通じて取り組むことを基本としてきた。なぜ今になって道徳科の設置が必要とされたのだろうか。

　2016年5月27日付の文部科学省教育課程部会「考える道徳への転換に向けたワーキンググループ」における資料「資料4　道徳教育について」には、いくつかの観点から道徳教育についての課題が挙げられている[1]。それによれば、学習指導要領改訂の背景には次の5つの状況がある。

　　①「深刻ないじめの本質的な問題解決」が必要であること
　　②「情報通信技術の発展」に伴う「子供の生活」の変化
　　③「子供を取り巻く地域や家庭の変化」
　　④「諸外国に比べて低い、高校生の自己肯定感や社会参画への意識」
　　⑤「与えられた正解のない社会状況」（グローバル化、科学技術の進歩、少子高齢化）

　これらの状況を前にして、「一人一人が、道徳的自覚のもと、自ら感じ、考え、他者と対話し協働しながら、よりよい方向を目指す資質・能力を備えること」が求められている。道徳教育はそのために大きな役割を果たすことが期待されている。

　ところが、道徳教育がその期待に応えるためには、克服すべき課題が2つある。まず、(1)「量的課題」である。道徳教育そのものが歴史的経緯により忌避される傾向や、道徳の授業が他教科に比べて軽んじられる傾向がある。そのため、十分な学習時間がとられていない場合がある。そして(2)「質的課題」である。読み物の登場人物の心情理解のみにとどまる「読み取り道徳」に見られるように、指導法が形骸化しがちであり、効果的な指導方法が十分に共有されていない。これらの課題を克服し、年間35時間の授業を確保しつつ質の高い授業を実施していかなければならない。つまり、現代的状況に応答できるだけの充実した道徳教育の実施に向けて、抜本的な改革が必要とされている。

2　教科化に伴い変わったこと・変わらないこと

　それでは、教科化に伴い何が変化したのだろうか。何が変化せず引き継がれているのだろうか。

（1）他教科との違い

　道徳科には他教科と異なる点もあるため、「特別の教科　道徳」と表記されている。以下のワークで、その違いを確認しておこう。

Work1

「道徳科」の列に○（＝行う）か×（＝行わない）かを書き入れよう。

項目	一般的な教科	道徳科
①専門の免許を有する教員による指導	○	
②検定教科書を用いた指導	○	
③数値による評価	○	

　一般的に教科と呼ばれるものには①〜③の特徴が共通して存在している。しかし道徳科の場合、人格全体の育成に関わるという教科の特性上、①と③は実施しないこととされている。①については、教科の専門にかかわらず、日頃生徒たちと身近に接する機会の多い学級担任を中心とする教師が道徳科の指導にあたることになっている。また③については、教科化に伴い評価は導入されたが、数値による評価は行わない。「個人内評価として見取り、記述により表現する」という点に、道徳科の特徴がある。

（2）指導の内容と方法の充実

　道徳科の設置によって期待されているのが、指導内容と指導方法の充実である。

　内容面としては、**情報モラル**や**生命倫理**などの現代的課題や、**いじめ問題**などの学校問題の扱いを充実させることが期待されている。また、指導方法の面では、自分自身で主体的に**「考え、議論する」**道徳への転換が期待されている。そのために、教師から生徒たちへと一方的に価値観を注入するような授業ではなく、対話や討論など言語活動を重視した指導を通じて、**答えが一つではない道徳的な課題**に取り組み、**多面的・多角的に考える**機会を設けること（問題解決的な学習や、体験的な学習などの工夫）が求められている。また、検定教科書は、こうした内容と指導法の両面において道徳教育を底上げし、全国で指導の質・量をともに高めていくための土台としての役割が期待されていると言えるだろう。

（3）変わらないこと

　もちろん、教科化されても変わらないこともある。たとえば、学校における道徳教育が、道徳の授業を「要として」、「学校の教育活動全体を通じて行う」という**全面主義**の考え方は、引き続き継承されている。変わったことと変わらないこと、そして道徳教育に期待されていることを踏まえて、よりよい道徳教育のあり方について考えてみてほしい。

3　道徳科の授業展開

　道徳科の授業では、教科書を用いた授業展開が基本となる。しかし、教員自身がまず授業教材について多角的に検討し、その教材についてどのような掘り下げが可能なのか、どんな道徳的価値が隠れているのか研究し理解を深めておく必要がある。また、道徳科ではねらい（どんな道徳性をその授業で育てたいのか）を明確にすることが重要である。そのねらいを設定する理由（生徒の実態や地域事情など）や、そのねらいを達成するためにその教材を取り上げる理由（教材の特質や取り上げる意図）を自分の中で明確にしておくことで、メリハリのついた指導ができるだろう。

　授業方法としては、単に教師が生徒に向かって一方的に「正解」を押しつけるようなスタイルではなく、答えが一つではない問いについて、生徒たちがお互いに多様な考え方・視点を提示し合うような展開を作ることが重要である。グループワークや教室全体での意見交換・共有の場を設定するのが効果的な方法だろう。その際、教室全体の考えを一つにまとめることを目指すのではなく、答えが一つにまとまらないという事実を実感してもらう場にすることを意識したい。

```
Work2
```

　学習指導案を作成してみよう。

（1）道徳科の教科書から、教材を選択する。
（2）学習指導案を作成する。（以下の様式を参考にすること。別に板書計画を作成することが望ましい。）

主題名：＿＿＿＿＿＿＿＿＿＿＿＿＿＿＿＿＿＿＿＿＿＿＿＿＿＿＿＿＿＿＿＿＿＿＿＿＿

教材名：＿＿＿＿＿＿＿＿＿＿＿＿＿＿＿＿＿＿＿＿＿＿＿＿＿＿＿＿＿＿＿＿＿＿＿＿＿

授業のねらい：

学習指導過程

	生徒の学習活動	発問と予想される生徒の反応	指導上の留意点
導入			
展開			
終末			

Work3

> 模擬授業を実施してみよう。

（1）作成した学習指導案に基づいて、模擬授業を実施してみよう。

（2）実施した模擬授業について、以下の観点からふり返ってみよう。

  ①どんな問題が起こったか。（困ったこと、難しかったこと、うまくいかなかったこと等）

  ②その原因は何か。

  ③原因となっていることを解消するために、何ができるのか。

（3）各自のふり返りの内容を、グループで共有してみよう。

4　道徳科の評価

　道徳は個人の内面性にかかわるため、一人ひとりよさや成長の仕方も千差万別である。そのため、数値を用いた評価方法（到達目標に照らした評価や他者との比較による評価）は不適切である。その生徒がいかに成長したかを積極的に認め励ます**「個人内評価」**を、記述で行うことが基本

となる。

　また、道徳性は内面的資質であるため、そう簡単に成長を見て取れるものではない。一定の時間をかけて生徒の学習状況を見ながら（「大くくりなまとまりを踏まえた評価」）、生徒の道徳性に係る成長を捉えていくことが求められている。

　一定の期間をへて成長した一人ひとりの姿を捉える記述評価を行うためには、日頃から評価に必要な情報の継続的な収集を欠かさないようにしたい。情報収集の方法として、以下の5つの方法が考えられるので、いくつかを組み合わせて活用しよう。評価のための情報が散逸しないように、日頃からファイリングしたりポートフォリオとして生徒たちにまとめさせたりしておこう。

①ノート・ワークシート	子どもが書いた文章を評価する。授業中の発言が十分でない子どもも含め、全員の思考を分け隔てなく見取ることができる。
②授業中の発言・発話	子どもの言動を観察する。発言の少ない子どもへの配慮が必要。
③パフォーマンス	道徳科での成果物（プレゼンテーションやスピーチ、役割演技などの表現活動）を評価する。子ども全員が表現できる環境づくりが必要。
④子どもの自己評価	授業終了時などに自己評価の機会を設ける。子ども自身の捉え方を確認する機会にできる。
⑤ほかの観察者による評価	ほかの教員がチーム・ティーチングや持ち回りの形で授業に入る。担任のみの主観的評価を防ぎ、より多面的に子どもを捉えることができる。

（出所：ベネッセ教育総合研究所（2018）pp. 19-20 を元に作成。）

　実際に生徒に評価を返すときには、どのような文面になるだろうか。一般的な形としては、次のような組み立て方を意識するとよいだろう。

大くくりな評価　＋　*特定の場面の評価*

（出所：荒木（2019）p. 120 の図を一部改変。）

　最初に、半年あるいは1年かけてゆっくりと育ってきた道徳性について記述し、その成長の証拠となる生徒の具体的な様子（授業中の発言やノートの記述など）を記載するというスタイルである。

他人との関わりについてさまざまな立場からの意見の相違を考えることができるようになりました。特に「相互理解・寛容」を扱った授業では、……という意見を述べて、他人から謙虚に学ぶ姿勢の大切さに気づいていました。

（出所：荒木（2019）p. 121。）

　記述の文面を作成するときには、以下の点にも気をつけるとよいだろう。

①客観的な事実を記述するようにし、主観的な記述にならないようにする。
②道徳科の学習の中で見られる様子を記述する（生活面の行動記録ではない）。
③他教科の記述内容と区別する（特に国語科や社会科と混同しないようにする）。
④道徳性そのものの評価や性格全体の評価には立ち入らないようにする。
⑤生徒の特徴のマイナス面には言及せず、プラス面を捉えるようにする。
⑥固定的な性の見方（例：「女の子らしい」）などを避け、人権に配慮した記述にする。
⑦生徒や保護者にも分かりやすい表現にする（例：「道徳的価値の自覚」「多面的・多角的」などの専門用語を避ける）。

（出所：ベネッセ教育総合研究所（2018）p. 21 を元に作成。）

【註】

＊1

https://www.mext.go.jp/b_menu/shingi/chukyo/chukyo3/078/siryo/__icsFiles/afieldfile/2016/08/05/1375323_4_1.
　pdf（閲覧日：2022 年 3 月 10 日）

【引用文献】

荒木寿友編著　2019 年　『未来のための探究的道徳　「問い」にこだわり知を深める授業づくり』　明治図書出版
　ベネッセ教育総合研究所　2018 年　「特別企画　どうなる？どうする？道徳の教科化　後編　子どもの姿をどう捉
　　え、評価する？」ベネッセ教育総合研究所　『VIEW21 教育委員会版　2017 年度 Vol.4』通巻第 12 号、18-23 頁。

【もう少し詳しく知りたい人への参考文献】

● 荒木寿友編著　2019 年　『未来のための探究的道徳　「問い」にこだわり知を深める授業づくり』　明治図書出版
● 押谷由夫・諸富祥彦・柳沼良太　2015 年　『新教科・道徳はこうしたら面白い　道徳科を充実させる具体的提案
　と授業の実際』　図書文化社
● 加藤宣行　2017 年　『加藤宣行の道徳授業　考え、議論する道徳に変える指導の鉄則 50』明治図書出版
● 服部敬一編著　2019 年　『中学校「特別の教科　道徳」の授業と評価実践ガイド　道徳ノートの記述から見取る
　通知票文例集』　明治図書出版
● 松本美奈・貝塚茂樹・西野真由美・合田哲雄編　2016 年　『特別の教科　道徳 Q&A』　ミネルヴァ書房

第 13 章　人権教育について学ぼう

1　人権教育とは

　すべての人は個人として尊重され、生命・自由そして幸福を追求する権利をもっている。しかし今なお、この基本的人権が十分に守られているとはいえない状況にある。人権を尊重する精神の涵養を目的とした（「人権教育及び人権啓発の推進に関する法律」,2000）人権教育が求められている。

　人権教育とは、人権について教えることだけではなく、教育の機会均等、学習権を保障するための教育方法や教材開発などをも重視する教育のことである。つまり、人権教育と言う言葉にはさまざまな内容を含んでいる。「国際的な人権教育比較研究会」におけるマーゴ・ブラウン（イギリス）の問題提起をきっかけに以下の人権教育の 4 つの類型が理論的枠組みとなっている。

①人権としての教育（education as human rights）教育をうけること自体が人権であるという考え方。十分な教育をうける機会がなければ人権が保障されているとは言えないといった課題、学びやすい環境を整えることも含まれる。

②人権に関しての教育（education on or about human rights）さまざまに存在する人権の侵害や差別、これに抗しての政府や市民の活動について教えること、学ぶことをさす。

③人権を通しての教育（education in or through human rights）人権が守られた状態で学習が展開されなければならないという考え方。人権について学ぶ場や過程そのものが人権教育の内容。人権についていくら教えたとしても、それが体罰を使ったり学ぶものを差別しながら教えたりといったことであってはならないとする課題。

④人権のための教育（education for human rights）これまでの 3 つの人権教育をふまえ、人権を守り育てる態度をもった社会や個人を育て、一人ひとりが自己実現をしていくことを通して人権が尊重される社会の確立につながるという考え方。*1

　これらの整理を基盤に、日本の教育にあてはめてみると、たとえば差別の現実、実態について深く学ぶことは欠かせない原則の一つともされてきたことで、具体的には、部落問題学習として取り組まれてきたことである。それらはまさしく「人権に関しての教育」となっていたのである。

　さらには、「差別はいけません」といったことの学習に止まるのではなく、差別を見抜き、差別を許さないような集団づくりのなかでこそ展開されていくべき実践は「人権を通しての教育」。部落差別を許さない人権尊重の価値観や文化の創造をめざしていく「人権のための教育」となっていくとされてきたのである。

　その後導入される「総合的な学習の時間」のなかに組み入れていく過程で、人権総合学習として教育課程を成立させる試みをおこなっている。

　人権教育という言い方が広がり、また、注目されていくことになった背景には、国連の影響や国際的潮流との関係がある。国連は、世界人権宣言の精神を生かすべく、個別具体的な差別の撤廃に向けて、さまざまな宣言や条約を作成し採択する取り組みを推進してきた。「子どもの権利条約」もその一例である。そんな中にあり人権教育という考え方が注目される背景となったのが、1994

年に「人権教育のための国連の１０年（国連総会決議）」を行い、1995 年１月１日から始まる１０年間を「国連人権教育の１０年」とし、それの基づく「行動計画」をも示すことになったことにある。

　国連が示す人権教育とはどのようなものか。その取り組みは、個別具体的人権の擁護と保障の観点から普遍的人権の内実を点検し、より豊かなものにしようとするものである。この国連の人権に関わる教育戦略として、人権教育の新しい概念といえる人権文化の構築を提起した。人権文化とは、人権について知るだけでなく、行動できるようになること、社会全体が人権という価値観に基づいて運営されるべきとする概念である。

2　日本の人権教育の歴史

　日本における人権教育は、部落差別を見抜き、差別を許さず、主体的に差別をなくしていこうとする人間の育成を目指して始まった同和教育に源流がある。[*2] 同和教育とは、かけがえのない「いのち」を見つめ、一人ひとりを大切にする教育であり、差別をなくすための知識・意志・行動力を育む活動、学力や進路を保障しようとする活動、部落をはじめ地域を変えていくための教育活動などを含む。差別意識に取り組むというだけではなく、被差別者をはじめすべての人の学習権保障が重要な位置を占めている。同和教育の実践は、子どもをとりまく実態から教育課題を捉えて被差別部落の子どもたちの教育をどうするのか、被差別部落に対する差別と偏見をどう糾し改めていくかという理念や成果を継承・発展させながら、部落問題以外の人権諸課題の解決を目標に実践されてきた。今日の人権教育としての発展的再構築の基盤となっている。部落差別への取り組みから始まり、ほかの差別をなくすための教育へと広がってきた。いまでは、女性・子ども・高齢者・障がい者・部落差別（同和問題）・アイヌの人々・外国人・HIV・肝炎等感染者・ハンセン病元患者とその家族・刑を終えて出所した人・インターネットによる人権侵害・性的指向・性自認・東日本大震災に起因する偏見や差別など１７項目を挙げ、それらに取り組むことを人権教育の課題としている。2020 年以降は、「新型コロナウイルス感染症」に係る偏見・差別についても人権課題に付け加えられた。これらの人権課題を横につなぐことによって、それぞれの課題への取り組みを活性化し、深化させていく人権教育を追究する動きもある。

　人権教育のはじまりとなった同和教育実践に大きな影響を及ぼしたものに「同和対策審議会答申」(1965 年) と「同和対策事業特別措置法」(1969 年）であった。その歴史は、日本国憲法に謳う「基本的人権の尊重」の精神が身に付くよう、戦後、学校や社会において進められてきた。近年においては、

　「人権教育及び人権啓発の推進に関する法律」が策定され、それに基づき 2002 年 3 月 15 日に閣議決定された『人権教育・啓発に関する基本計画』の中で、学校や社会における人権教育の意義・目的について、「人々が、自らの権利を行使することの意義、他者に対して公正・公平であり、その人権を尊重することの必要性、様々な課題などについて学び、人間尊重の精神を生活の中に生かしていくこと」と述べられている。このことを受けて、人権教育の指導方法等に関する調査研究会議では、2008 年 3 月に「人権教育の指導方法等の在り方について [第 3 次とりまとめ]」（以下「第

３次とりまとめ」とする）を公表した。「第３次とりまとめ」の内容は、「指導等の在り方編」「実践編」に分かれている。

　つまり人権教育は、法に基づく教育である。言い換えれば、法が義務づけるほど重要で社会に不可欠な教育なのである。

＜部落差別を解決するための政策と経緯＞

1965年（昭和 40 年）「同和対策審議会答申」

→同和問題は憲法で保障された基本的人権に関する重大な社会問題であることや、同和問題の早急な
　解決こそ国の責務であり、同時に国民的課題であるとの認識が示された。
部落差別の解消には、環境整備、差別に対する法的規制、司法的に救済する道を拡大することの３
点が必要であることが明記されている。

1969年（昭和 44年）「同和対策事業特別措置法」　施行　【時限法】
　　　→同和対策事業が目的。以後、法律の延長や名前の変更を行いながら、
　　　　33年間にわたり対策事業が実施された。
1982年（昭和 57年）「地域改善対策特別措置法（地対法）」施行　【時限法】
1987年（昭和 62年）「地域改善対策特定事業に係る国の財政上の特別措置に関する法律
　　　（地対財特法）」　施行　【時限法】
1993年（平成 5年）同和地区生活実態把握等調査（総務庁地域改善対策室）
　　　→住環境面の改善は進んだが、差別意識や差別事件については、
　　　　まだ充分な成果が上がっていないことが明らかになった。
1996年（平成 8年）「同和問題の早期解決に向けた今後の方策の基本方向について」
　　　　　　＜意見具申＞地域改善対策協議会
　　　→同和問題は過去の問題ではなく、依然として重要な課題であるとい
　　　　う認識を示す。更に、この問題の解決に向けた今後の取組みを人権
　　　　に関わる問題の解決につなげていくことを明示した。
2000年（平成 12年）「人権教育及び人権啓発の推進に関する法律」
2002年（平成 14年）　特別措置法の期限切れ

（縦書き右端）33年間にわたり対策事業を実施

　　　３月に、「人権教育・啓発に関する基本計画」策定
　　　→総合的な人権教育が進められる。ただし、部落問題学習への取組が弱まり、『部抜き、差抜
　　　　き』という批判もある。
2016年（平成 28 年）『部落差別の解消の推進に関する法律』施行【恒久法】
　　　→同和地区の有無に関わらず、部落差別を解消するための教育及び啓発をしっかりと進めて
　　　　行く必要がある。部落問題をしっかりと教え、部落問題に対する知的理解と人権感覚を高
　　　　めるための主体的な教育活動が求められる。

（年表）『部落差別解消法』より学ぶ（大分県教育庁 人権・同和教育課）を参考に作成
https://www.pref.oita.jp/uploaded/attachment/2014025.pdf

3　人権教育の目標と育てたい力

　この「第3次とりまとめ」は、人権教育に関する文部科学省の初の公式文書であり、大きな歴史的意義をもっている。とくに、これまでの同和教育や人権教育の理論と実践をふまえながら、これからの学校人権教育に必要な指導内容・方法とともに、その体系的推進に不可欠な観点を具体的に提示している。

　たとえば、人権教育を「人権に関する知的理解」と「人権感覚」の2つに分けてわかりやすく提示しており、人権感覚については「指導等の在り方編」において「自分の大切さとともに他の人の大切さを認める」という平易な表現で繰り返し言及するとともに、「人権感覚とは、人権の価値やその重要性にかんがみ、人権が擁護され、実現されている状態を感知して、これを望ましいものと感じ、反対に、これが侵害されている状態を感知して、それを許せないとするような、価値志向的な感覚である」（5頁）と明確に定義づけている。そして、人権感覚と人権意識の関係については、「価値志向的な人権感覚が知的認識とも結びついて、問題状況を変えようとする人権意識又は意欲や態度になり、自分の人権とともに他者の人権を守るような実践行動に連なると考えられる」（5頁）と述べ、この2つが人権を守るための実践行動にどのようにつながっていくのかを示している。

　さらには、学校における人権教育の組織的な取り組みのあり方が示されている。とくに、人権尊重の精神に立つ学校づくりについて、教科指導、生徒指導、学級経営のすべてを視野に入れて取り組むための視点（10-11頁）とともに、学校としての目標設定、校内推進体制の確立、人権教育担当者の役割が明示され（16-17頁）、校内推進組織の参考例が示されている。また、人権教育の全体計画や年間指導計画についても具体的に説明されている（17-18頁）ことなどから大変参考になる資料である。

　それに沿っていくつかの項目をみていきたい。

(1) 学校における人権教育の目標

　学校における人権教育の取り組みに当たっては、人権教育・啓発推進法やこれに基づく計画等の理念の実現を図る観点から、必要な取り組みを進めていくことが求められる。人権教育・啓発推進法では、「国民が、その発達段階に応じ、人権尊重の理念に対する理解を深め、これを体得することができるよう（第3条)」にすることを、人権教育の基本理念としている。（中略）

　人権尊重の理念は、1999年の人権擁護推進審議会答申において、「自分の人権のみならず他人の人権についても正しく理解し、その権利の行使に伴う責任を自覚して、人権を相互に尊重し合うこと、すなわち、人権の共存の考えととらえる」べきものとされている。このことを踏まえて、人権尊重の理念について、特に学校教育において指導の充実が求められる人権感覚等の側面に焦点を当てて児童生徒にもわかりやすい言葉で表現するならば、[自分の大切さとともに他の人の大切さを認めること]であるということができる。

　この[自分の大切さとともに他の人の大切さを認めること]については、そのことを単に理解するに止まることなく、それが態度や行動に現れるようになることが求められることは言うまでもな

い。すなわち、一人一人の児童生徒がその発達段階に応じ、人権の意義・内容や重要性について理解し、[自分の大切さとともに他の人の大切さを認めること]ができるようになり、それがさまざまな場面や状況下での具体的な態度や行動に現れるとともに、人権が尊重される社会づくりに向けた行動につながるようにすることが、人権教育の目標である。（後略）

(2) 人権教育を通じて育てたい資質・能力

　このように見たとき、人権教育は、人権に関する知的理解と人権感覚の涵養を基盤として、意識、態度、実践的な行動力など様々な資質や能力を育成し、発展させることをめざす総合的な教育であることがわかる。

　このような人権教育を通じて培われるべき資質・能力については、次の３つの側面（１．知識的側面、２．価値的・態度的側面及び３．技能的側面）から捉えることができる。

1. 知識的側面

　この側面の資質・能力は、人権に関する知的理解に深く関わるものである。

　人権教育により身に付けるべき知識は、自他の人権を尊重したり人権問題を解決したりする上で具体的に役立つ知識でもなければならない。たとえば、自由、責任、正義、個人の尊厳、権利、義務などの諸概念についての知識、人権の歴史や現状についての知識、国内法や国際法等々に関する知識、自他の人権を擁護し人権侵害を予防したり解決したりするために必要な実践的知識等が含まれる。このように多面的、具体的かつ実践的であるところにその特徴がある。

2. 価値的・態度的側面

　この側面の資質・能力は、技能的側面の資質・能力と同様に、人権感覚に深く関わるものである。

　人権教育が育成を目指す価値や態度には、人間の尊厳の尊重、自他の人権の尊重、多様性に対する肯定的評価、責任感、正義や自由の実現のために活動しようとする意欲などが含まれる。人権に関する知識や人権擁護に必要な諸技能を人権実現のための実践行動に結びつけるためには、このような価値や態度の育成が不可欠である。こうした価値や態度が育成されるとき、人権感覚が目覚めさせられ、高められることにつながる。

3. 技能的側面

　この側面の資質・能力は、価値的・態度的側面の資質・能力と同様に、人権感覚に深く関わるものである。

　人権の本質やその重要性を客観的な知識として知るだけでは、必ずしも人権擁護の実践に十分であるとはいえない。人権に関わる事柄を認知的に捉えるだけではなく、その内容を直感的に感受し、共感的に受けとめ、それを内面化することが求められる。そのような受容や内面化のためには、さまざまな技能の助けが必要である。人権教育が育成をめざす技能には、コミュニケーション技能、合理的・分析的に思考する技能や偏見や差別を見きわめる技能、その他相違を認めて受容できるための諸技能、協力的・建設的に問題解決に取り組む技能、責任を負う技能などが含まれる。こうした諸技能が人権感覚を鋭敏にする。[*3]

　以上の３つの側面を明確にしてバランスよく資質・能力を養うことが、学校における人権教育の

目標であるといえる。人権教育が発展するためには、教育方法の追究や教材開発、制度や教育システムの充実などが求められる。そして、豊かな授業づくりと確かな子ども理解を進める上においても教師自身の人権感覚の醸成が不可欠である。

Work1

「人権尊重の視点に立った学校づくりを進めるためには、どのようなことに留意すべきかまとめてみよう」

（参考）人権尊重の精神に立つ学校づくり

http://www.mext.go.jp/b_menu/shingi/chousa/shotou/024/report/attach/1370714.htm

Work2

「人権尊重の視点に立った学級経営を進めるためには、どのようなことに留意すべきかまとめてみよう」

（参考）人権尊重の視点に立った学級経営等

http://www.mext.go.jp/b_menu/shingi/chousa/shotou/024/report/attach/1370714.htm

【引用文献】
＊1　中野陸夫編　2007　『人権教育小事典』　明治図書出版　p74.75
＊2　谷田 信一、西口 利文、定金 浩一、塩見 剛一編　2018　『教職のための課題探究によるアクティブラーニング』
　　「第3部子どもの理解と学級経営 課題13人権教育に基づく学級経営」　ナカニシヤ出版

＊3　文部科学省　2008　『人権教育の指導方法等の在り方について［第3次とりまとめ］』http://www.mext.go.jp/
　　b_menu/shingi/chousa/shotou/024/report/08041404/002.htm

【参考文献・資料】
・兵庫教育文化研究所　2010　『別冊「こどもと教育」同和・人権教育　つながろうやⅠ』
・兵庫教育文化研究所　2011　『別冊「こどもと教育」同和・人権教育　つながろうやⅡ』
・中野陸夫ほか著　2000　『人権教育をひらく　同和教育への招待』　解放出版社
・法務省人権擁護局　2021　『人権の擁護』

第 14 章　学校教育と ICT 活用 ―授業における ICT 活用について 考えてみよう―

1　現代社会と ICT

「あなたは、今日、何回スマートフォン（以下、スマホ）やパソコン（以下、PC）の画面を見ましたか」と聞かれたら、多くの人は、「見るには見たけど、何回かははっきりわからない」と答えるのではないだろうか。そう答えざるを得ないほど、私たちは日常的にスマートフォンを利用している。ネットでニュースを読んだり、お天気アプリを参考に今日の服装を決めたりする。オンラインで買い物をし、遠隔地の人とテレビ会議をしたり、リモートワークをしたりすることも日常的になっている。様々な情報を、スマホでネットから得ることができる**情報社会**の中で暮らしている。このようにデジタル技術が普及し、日常生活やビジネスにおける既存の価値観や枠組みを根底から覆すような革新的なイノベーションをもたらすものを**Ｄ Ｘ**（Digital Transformation ／デジタルトランスフォーメーション）という。

情報社会は、最近の 15 年ほどで急激に発達したといわれている。たとえば、Apple 社の iPhone が日本に上陸したのは 2008 年。2010 年にはスマホの世帯保有率率は 9.7％、それが、2013 年には 62.6％になり、2020 年には、86.8％と携帯可能な情報端末であるスマホが急激に普及している（総務省「情報通信白書令和 3 年版」）。また、身の回りにある家電製品（エアコンやロボット掃除機、冷蔵庫）や自動車の自動運転など**人工知能（AI：Artificial Intelligence）**を応用した技術の進展などからも、現代の便利な生活がテクノロジに支えられていることを感じることができる。

これからの時代、テクノロジーの発展はますます進み、日本では、少子高齢化や労働人口の減少、地方の過疎化が進展し、様々な課題と向き合うことになると予想される。それらの課題を解決するために我が国がめざしているのが、ロボットや人工知能と共存する **Society5.0** と呼ばれる超スマート社会である。情報化が進展した社会環境のなかでは、学校教育も ICT を活用した教育が日常になっていくことは明らかであろう。

2　OECD Education 2030 プロジェクトの Learning Compuss2030

OECD〔経済協力開発機構〕では、2015 年から Education 2030 プロジェクトを進めたが、2019 年に OECD Learning Compass 2030 を提案している。これまでも OECD の提言は、日本をはじめとする各国における教育に大きな影響を与えている。OECD Learning Compass 2030 の概要から、今後求められる資質や能力、あるいは 2030 年の教育を想像し、自分ならどのような教育を創造するのか考えてみてほしい。

OECD Learning Compass 2030 は、OECD Future of Education and Skills 2030 プロジェクトの成果であり、教育の未来に向けての望ましい未来像を描いた、進化し続ける学習の枠組みである。そのめざす方向性は、個人の Well-being と社会の Well-being である。そこでえがかれる学習者像

は、教師の決まりきった指導や指示をそのまま受け入れるのではなく、**未知なる環境の中を自力で歩みを進めることができる存在**である。ラーニング・コンパスは、**学びの中核的な基盤**、知識、スキル、態度と価値、**より良い未来の創造に向けた変革を起こすコンピテンシー**、そして**見通し**（Anticipation）、**行動**（Action）、**振り返り**（Reflection）の **AAR サイクル**から構成されている。

　学びの中核的な基盤には、**知識**（専門的知識、学際的知識、認識論的知識、手続き的知識）、**スキル**（認知的・メタ認知的スキル、社会的・情意的スキル、実用的身体的スキル）、個人・地域・社会・世界の各レベルにおける**価値観や態度**のコンピテンシーが含まれる。2030 年に必要とされる**主要な知識、スキル、態度及び価値は読み書き能力やニューメラシー**（数学活用能力・数学的リテラシー）に限らず、**データ・リテラシー**（データ活用・解析能力）や**デジタル・リテラシー**（デジタル機器・機能活用能力）、**心身の健康管理**、それから**社会情動的スキル**である。これらを基盤として、学習者は各自、**より良い未来の創造に向けた変革を起こすコンピテンシー** [■ **新しい価値観を創造する力**　■ **対立やジレンマに対処する力**　■ **責任ある行動をとる力**] を備えることが求められる。その上で、見通し・行動・振り返りのサイクル（AAR サイクル）をとおして、自らの思考を改善し、集団のウェルビーイングに向かって意図的に、責任をもって行動していくという方向性が示されている。

　2030 年に必要とされる主要な知識、スキル、態度及び価値は読み書き能力やニューメラシー（数学活用能力・数学的リテラシー）に限らず、データ・リテラシー（データ活用・解析能力）やデジタル・リテラシー（デジタル機器・機能活用能力）が含まれていることからも、学校教育における ICT 活用の必要性を感じることができる。これから学校で子どもたちの指導に当たるみなさんは、ICT を活用してどのようにこれらの力を育成していくことができるのだろうか。

図 1　OECD Learning Compass 2030

（出所：OECD　ホームページ[†1]）

3　学校教育とICT活用
（1）授業展開に必要な知識や技能

　教職課程での学びを通して、学校の授業等でICTを活用するために、私たちはどんな力をつけてきたのか、これからどのような力をつけていかなければいけないのか。そして、OECD learning Compass 2030や学習指導要領で求められている知識や技能、資質や能力をどのように育成していけばよいのであろうか。

　授業を展開する上では、ICTの技術だけがあってもどうしようもない。

　図2で示した**TPACK**は、授業を展開するために必要な教育的な内容知識の枠組みであるが、ここに示されている①から⑥が必要になることは、これまでの学びや経験から十分に理解できるであろう。

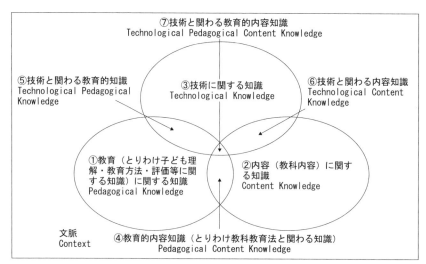

図2　技術と関わる教育的内容知識の枠組み（TPACK）とその知識の構成
　　要素（出所：小柳和喜雄，2016）[†2]

　図2の①〜⑦について、小柳（2016）は、具体例として「①は、授業で問題基盤学習（problem based learning：PBL）などの方法を用いる知識、②は、理科や数学に関する内容知識、③は、Webツールの用い方に関する知識、④は、たとえば、電気を教えることと関わって、子どもが電気を類推できるような効果的な課題（題材）を取り上げる知識、⑤は、たとえば、コンピュータ支援の協同学習でICTを用いることと関わって、どのように協同学習を効果的にするためにWebquest[*1]を生かせるか、その用い方についての知識、⑥は、ある内容の学習に固有に生かせるICT（オンライン辞書、SPSS、ある話題に固有なシミュレーションの利用ほか）に関する知識、⑦は、社会科で協同学習を深めていくために、コミュニケーションの道具としてwikiなどをどのように用いていくと効果的かに関する知識など」と説明している。各自、自分の専門とする教科・領域の授業で具体的な例を考えてみてほしい。これまでの学びが整理できるはずである。また、文科省の示し

ている教員のICT活用能力チェックリスト（Work3）をもとに各自のICT指導力を確かめておこう。

（2）ICTを活用した学習場面

　ICTを活用した学習場面について、文部科学省は、「「学びのイノベーション事業」実践報告書」（2014）のなかで、一斉授業、個別学習、協働学習の3つの場面に分けて図3のように示している。

　一斉授業では、映像資料などを電子黒板で拡大して表示し、画面への書き込みを行ったりすることを想定している。電子黒板やプレゼンテーションのアプリケーション（パワーポイントやスライド）などを活用する技能が必要となるであろう。

図3　学校におけるICTを活用した学習場面

（文部科学省：「学びのイノベーション事業」実践報告書）

　個別学習では、AI搭載のドリルを用いた**個別最適化**された学習やインターネットでの調査活動、個別の端末を用いた表現活動や制作活動などが想定されている。外国語学習では、Quizletやロイロノート、オフィスソフトなど多様なアプリケーションが用いられる。**思考ツール**などを活用することも思考を促す工夫として多くの学校で行われている。インターネットを用いた調査活動やメールや電子会議システムによるインタビューなどでは、**情報モラル**の指導などネット社会の光と影についての理解も重要になる。

　協働学習では、個別学習の成果を受けて、グループや学級全体での発表や話し合いを行ったり、グループでの話し合いや調査活動の整理、協働制作、遠隔授業などを行ったりすることが想定されている。

　個別学習や協働学習では、ロイロノートや Google Workspace for Education、マイクロソフトオフィスなどのアプリケーションが多くの学校で使われている。学校で使用する端末に導入されている OS やアプリケーションを活用するスキルが必要になる。

　2021 年度から、全国のすべての小中学校では、一人 1 台のタブレット端末が整備され、すべての教室に無線 LAN が整備されて、高速でネットワークに接続できる環境となった。いわゆる GIGA スクール構想である。市町村によって使用する OS が異なったり、導入されているアプリケーションが異なったりするため、勤務する学校によって必要とされる知識や技能は少しずつ異なる。2021 年現在の OS の内訳は、**ChromeOS**（40.1％）Windows（30.4％）iOS（29％）となっている。

Work 1

　この章で学習した TPACK の構成要素①から⑦について、あなたの専門とする科目で具体例を考えてみましょう。

　その際、ICT を活用した授業に必要なスキルについても考えてみてください。

①

②

③

④

⑤

⑥

⑦

Work 2

　インターネットを活用して、あなたの専門とする教科での ICT 活用の具体的な実践事例を探してみましょう。

　その実践では、文科省の示しているどの学習場面で ICT が活用されていましたか。

　実践事例について、以下の項目について Word やパワーポイントなどで整理してまとめてみましょう

○　まとめ方の例

　①　中学校第 1 学年　　②外国語科（英語）　③過去形

　④　授業の概要　（＊⑤文科省の学習場目の分類）

　・Quizlet を用いて既習単語の復習（＊個別学習　ドリル）

　・先生の解説とリーディング練習

　・ロイロノートを用いて、グループでの文章作り（＊協同学習）

　・グループからの発表（＊協同学習）

　・ロイロノートで、発音練習を録音して提出（＊個別学習）

Work3

　1　教員の ICT 活用指導力チェックリストをインターネット上で検索してダウンロードします。

　2　ダウンロードしたチェックリストを用いて各自の ICT 活用指導力を自己評価してみましょう。

【引用文献】

＊1　Webquest とは、1995 年にサンディエゴ州立大学の B. Dodge と T. March によって開発されたインターネットを活用したタスクベースの学習方法である。Dodge によれば、ウェブクエストとは、「学習者が接するほとんど、もしくはすべての情報がインターネット上に存在する、探求的な学習活動」と定義される。ホームページ作成アプリケーションなどを用いて、①導入（introduction）、②学習課題（task）、③学習資源（resources）、④学習過程（process）、⑤評価（evaluation）、⑥終末 conclusion）の 6 つの要素から成るホームページを通して学習を進める。

【参考・引用文献】

†1　図 1 は、OECD Future of Education and Skills 2030 Conceptual learning framework

https://www.oecd.org/education/2030-project/teaching-and-learning/learning/learning-compass-2030/OECD_Learning_Compass_2030_concept_note.pdf から引用した。

ぜひ原文にチャレンジしてほしい。なお、日本語板は、以下の URL で読むことができる。

https://www.oecd.org/education/2030-project/teaching-and-learning/learning/learning-compass-2030/OECD_LEARNING_COMPASS_2030_Concept_note_Japanese.pdf

†2　小柳和喜雄　2016　「教員養成及び現職研修における「技術と関わる教育的内容知識（TPACK）」の育成プログラムに関する予備的研究」　教育メディア研究　23 巻 1 号 p. 15-31, P.18

【もう少し詳しく知りたい人への参考文献】

● 稲垣忠、佐藤和記編著　2021　『ICT 活用の理論と実践　DX 時代の教師をめざして』北大路書房

● 稲垣忠編著　2019　『教育の方法と技術　主体的。対話的で深い学びを作るインストラクショナルデザイン』　北

大路書房

● 中川一史、苑復傑　2017　『教育のためのICT活用』（放送大学教材）　放送大学教育振興会

● 田村学、黒上晴夫、滋賀大学教育学部附属中学校　2014　『こうすれば考える力がつく！中学校 思考ツール』　（教育技術MOOK)　小学館

● 田村学、京都市立下京中学校　2018　『深い学びを育てる思考ツールを活用した授業実践』（教育技術ムック）　小学館

第15章　教師はどのようにして成長していくのか
―リフレクションをとおした職能成長―

1　専門職としての教師の特徴と省察（リフレクション）

　みなさんは、これまでに教職課程や学科専攻での専門的な学びの中で、子どもたちの教育に関する理論や実践に関する方法についての知識や技能を身につけてきたことだろう。具体的には、大学の学修や教育実習や学校ボランティアとしての経験で、第14章で紹介した「TPACK」のフレームで示されているような教育に関する知識、内容に関する知識、技術に関する知識などの専門性を高めてきた。

　ところで、専門的な知識・技能をもっていれば、それで学習指導や生徒指導は、うまくいくのだろうか？教育実習を思い返してほしい。大学で学んだ知識や技能を基盤にして、学習指導案を作り上げ、授業に臨んでみるとうまくいかなかった経験があるのではないだろうか。

　ドナルド・ショーン（2007）が指摘しているとおり、専門家あるいは専門職は、技術的合理性に基づく技術的熟達者、たとえば、医師や法律家などのようないわゆるメジャーな専門職であっても、基礎科学や応用技術を厳密化することが難しい領域の専門家、たとえば、教師、社会福祉士、司書などのマイナーな専門家であっても、技術的合理性に基づく**技術的熟達者**から**行為の中の省察**(reflecting-in-action)に基づく**省察的（反省的）実践家**へと変化してきているといえる。

　ドナルド・ショーン、F・コルトハーヘン（2001）は、技術的合理性に基づくモデルでは、次の3つの前提があるとしている。

　　①理論によって教師は専門家としてよい仕事ができるようになる。
　　②そのような理論は科学的研究にもとづいていなければならない。
　　③教師教育者は教師教育プログラムに取り入れる理論を選択しなければならない。

　しかし、みなさんが教育実習などの実践の中で感じたように、知識や技能、科学的な理論を知っていたとしても、実際の指導は、それに比例して向上するとは必ずしもいえない。少なくとも教師の職能成長や教師教育においては、図1に示すように知識や技能がそのまま実践に結びつく技術的合理性のパラダイムではなく、教室での経験を省察することで新たな知識や技能を構築し職能成長が促されるリアリスティック・パラダイムによるほうが効果的であると考えられる。リアリスティックなアプローチでは、省察（振り返り：リフレクション)が重要な役割を果たすことになる。

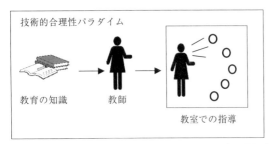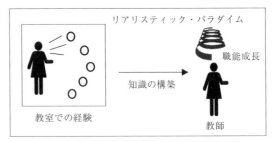

図1　教師教育における技術的合理性パラダイムとリアリスティック・パラダイム

（出所：F・コルトハーヘン（2010）P.10、P.30 をもとに筆者が作成）

2　教師の職能成長のためのモデル―コルトハーヘンの ALACT モデル―

　コルトハーヘン（2010）は、経験による理想的なプロセスを「行為」「行為の振り返り」「本質的な諸相への気づき」「行為の選択の拡大」「試行」の５つの局面に分けている。教師は、このサイクルを繰り返すことで資質・能力を向上させることができるとし、これを ALACT モデルと呼んでいる（図２）。

　ALACT モデルのサイクルを学校現場で実施するためには、具体的には、次のような方法や手順が考えられる。

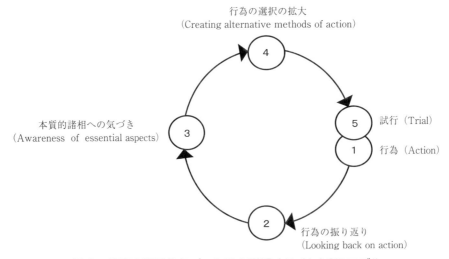

図2　省察の理想的なプロセスを説明する ALACT モデル

（出典：コルトハーヘン / 武田信子監訳（2010）P.54 をもとに筆者が作成）

（1）　行為　　　　　　　　　まず、何らかの行為（実践）を対象としなければならない。その対象は、**自分自身の実践**（学習指導・生徒指導などの教育活動）でも、**他の教師の実践**でも、**先行研究などの優れた実践の記録**でもよい。

（2）　行為の振り返り　　　　対象とした実践からの**気づきをできるだけたくさん箇条書き**にす

る。その際、次のような問い（表1）をもつことが大切である。

　なお、表1にある「生徒が何をしたかったのか？」「生徒は何を感じていたのか？」などの生徒からの視点の振り返りには、授業直後に生徒に書かせた「**リフレクション・ペーパー**」や生徒の**ノート**などの記述や**インタビュー**・詳細な**授業記録**を参考にすることが考えられる。

表1　ALACT モデルにおける第2局面で有効な具体化のための質問

教師からの視点	生徒からの視点
1.　あなたは何をしたかったのですか？	5.　生徒たちは何をしたかったのですか？
2.　あなたは何をしたのですか？	6.　生徒たちは何をしたのですか？
3.　あなたは何を考えていたのですか？	7.　生徒たちは何を考えていたのですか？
4.　あなたはどう感じたのですか？	8.　生徒たちは何を感じていたのですか？

（出典：F・コルトハーヘン（2010）P.136 をもとに筆者が作成）

（3）　本質的な諸相への気づき

　　　　箇条書きにした列挙された気づきの中の最も重要な気づき（**一番の気づき**）を決める。

　その際、授業者が自分の授業をふりかえるのであれば、計画段階や行為の段階で最も大切にしたかったことは何なのか。授業者自身の価値観にもとづいて一番を決めることになる。また、他者の授業をふりかえるのであれば、観察者の価値観にもとづいて一番を決めることになる。

　なお、できるならば、決定した**一番の気づき**を含む**学習場面**を、エピソードやシーンを語る形で書き出してみると、振り返りが文脈として記録できるし、問題やニーズが具体的に把握できる。

（4）　行為の選択肢の拡大

　　　　問題やニーズが具体的に明らかになったら、自分自身で解決策を探ったり、同僚などに助言を求めたり、先行研究（実践研究や実践記録・理論的な研究など）と比較することで新たな行為の選択肢を拡大できる。その際、次のような点に留意することも大切な視点といえる（表2）。

（5）　試行　　　　　　実際には、試行ではなく、次の行為のはじまりになることが多い。

　ここからスタートして再度 ALCAT モデルのサイクルを実施していくことになる。

1.　あなたは選択肢の拡大を能動的に行おうとしていますか？
2.　あなた自身が選択肢を考案していますか？
3.　それらの選択肢は十分具体的ですか？
4.　それらは現実的ですか？（能力やリスクの大きさの面で）
5.　それらを実行した際に現れるであろう効果を検討しましたか？
6.　それらの選択肢は、他の場面にも使うよう、一般化できますか？
7.　最終的に、残された選択肢から選んだのはあなた自身ですか？

表 2　選択肢拡大のためのガイドライン

（出典：コルトハーヘン／武田信子監訳（2010），P.143 をもとに筆者が作成）

※　また、数人のグループでそれぞれの気づきを共有（シェア）して質問で深めたり、記述の意味を深めたりすることで、振り返り（リフレクション）の質が向上する場合も多い。できれば、同僚や教師のグループなどで振り返りを行うことが効果的である。

3　経験学習におけるアンラーニングと授業改善のポイント

　コルブ（1981）は、個人の学習は、具体的経験の内容をふりかえって内省し、抽象的な概念化に落とし込み、それを新たな状況に適用することによって確実なものにしていく過程であると説明した。

　リフレクションで学ぶ、省察を通して自分なりの知識や理論を構築する際には、**アンラーン**をすることが必要になることがある。**アンラーン**とは、これまで自分が習慣としてきたことや常識と考えてきたことを、一旦、意図的に捨て去るということである。新たな学びを得、新たな実践にチャレンジするときには、思い切って、これまで大切にしてきたことでも**アンラーン**することも必要になるのだ。そのときに、捨て去ってはいけないこともある。それは、子どもたちをどのように育てたいかという一般的客観的な目的や目標である。目標や目的を見失うと経験は学びへと向上する方向を失って、同じ次元をぐるぐると回ってしまうことになる。また、省察したことを概念化する際には、メタ的に見ることも重要である。筆者はこの一連の営みを図 3 のように整理している。

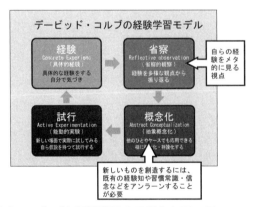

図 3　コルブの経験学習のモデルとアンラーニング

○　授業改善のポイント

　授業改善のポイントは、これまでも様々な形で示されてきている。石井英真（2020）は、よい授業をデザインするための５つのツボを「目的・目標を明確化する」「教材・学習課題をデザインする」「学習の流れと場の構造を組織化する」「技とテクノロジーで巧みに働きかける」「評価を指導や学習に生かす」と示している。また、各教育委員会も、授業の指針や授業改善のチェックリストを作成している。これをまとめて、千々布敏弥（2021）は、表３のように整理している。ここにあげられている５つのツボや項目は、授業をつくるために重要な視点となるばかりでなく、授業を観察したり振り返ったりする際の視点となる。

表３　「５つのツボ」と教育委員会作成の授業指針

石井英真の「５つのツボ」	教育委員会作成の授業指針
目的・目標を明確化する	・資質能力を焦点化する（つけたい力を明確にする） ・単元や各授業の目標を把握する ・ねらいを達成した子供の姿を具体化する
教材・学習課題をデザインする	・子供が明らかにしたくなる学習課題を設定する ・教材の価値を把握する
学習の流れと場の構造を組織化する	・既習事項を振り返る ・具体物を提示して引きつける ・こどもが自らめあてをつかむようにする ・学習課題を解決する方向性について見通しをもたせる ・子どもが自分の考えをもつようにする ・思考を交流させる ・交流を通じて思考を広げる ・協働して問題解決する ・単元及び各時間の計画を立てる
技とテクノロジーで巧みに働きかける	・子どもの思考を見守る ・子どもの思考に即して授業展開を考える ・子どもの考えを生かしてまとめる ・その日の学びを振り返る ・新たな学びに目を向けさせる ・板書や発問で教師が子どもの学びを引き出す
評価を指導や学習に生かす	目標の達成状況を評価する

（出典：千々布敏弥（2021），P.124-125）

　みなさんは、表３を見てどのように感じただろうか？自分自身の「よい授業」のイメージとちがうと感じた人もあるだろう。それは具体的にはどこがどのように違っているのだろう。

　石井の「５つのツボ」のカテゴリーにあなたならどのようなことを当てはめていくのだろうか。じっくりと考えてみると、自分なりのよい授業像が生み出せるかもしれない。

Work1

教育実習での経験を振り返ってみましょう。

1　教育実習の記録を見ながら、実習での気づきをできるだけたくさん箇条書きで書き出してみましょう。

2　その気づきの中で一番の気づきをもとにエピソードを書いてみましょう。

一番の気づき

3　グループやペアでシェアして、お互いに質問をして深めましょう。

4　ワークを振り返っての学びをまとめましょう。

【引用・参考文献】
・ドナルド・ショーン　2007　柳沢昌一・三輪健二監訳『省察的実践家とは何か　―プロフェッショナルの行為と思考―』　鳳書房
・ドナルド・ショーン　2001　佐藤学・秋田喜代美訳　『専門家の知恵　反省的実践家は行為しながら考える』　ゆるみ出版
・F・コルトハーヘン　2010　武田信子監訳　『教師教育学　理論と実践をつなぐリアリスティック・アプローチ』　学文社
・デイビッド・コルブ、ケイ・ピーターソン　中野眞由美訳　2018　『最強の経験学習』　辰巳出版
・千々布敏弥　2021　『先生たちのリフレクション　主体的・話的で深い学びに近づくたった一つの　習慣』　教育開発研究所
・上條晴夫　2021　『リフレクションを学ぶ！　リフレクションで学ぶ！』　学事出版
・佐伯胖、刑部育子、苅宿俊文　2018　『ビデオによるリフレクション入門　実践の多義的創発を拓く』　東京大学出版
・Kolb, D. A.　1981　Experiential Learning Theory and the Learning Style Inventory, *The Academy of Management Review*, Vol.6, 289-296

《付録》アクティブ・ラーニングに役立つ・Tips 集

　ＡＩ（人工知能）の発展や情報化の進展とそれに伴う産業構造の変化、グローバル化や少子高齢社会の到来といった社会的な変化を背景に、2016 年 3 月、学習指導要領が公示された。この学習指導要領において、これからの社会では、人がその感性を豊かに働かせながら、社会や自らの人生を豊かなものとしていくために、自ら目的を設定し、情報を発見選択し、深く考え、多様な他者と協働しながら納得解を見つけていくといった営みが求められるとされている。

　この学習指導要領では、社会に開かれた教育課程のもとで、育成すべき資質・能力の三つの柱を身に付ける方法として「主体的・対話的で深い学び」を実践していくために、アクティブ・ラーニングの視点からの授業改善が求められている。主体的・対話的で深い学びについては、平成 29 年度小・中学校新教育課程説明会（中央説明会）における文科省説明資料では、以下のスライドのように説明されている。

主体的・対話的で深い学びの実現（「アクティブ・ラーニング」の視点からの授業改善）について（イメージ）

「主体的・対話的で深い学び」の視点に立った授業改善を行うことで、学校教育における質の高い学びを実現し、学習内容を深く理解し、資質・能力を身に付け、生涯にわたって能動的（アクティブ）に学び続けるようにすること

【主体的な学び】
　学ぶことに興味や関心を持ち、自己のキャリア形成の方向性と関連付けながら、見通しを持って粘り強く取り組み、自己の学習活動を振り返って次につなげる「主体的な学び」が実現できているか。

【例】
・　学ぶことに興味や関心を持ち、毎時間、見通しを持って粘り強く取り組むとともに、自らの学習をまとめ振り返り、次の学習につなげる
・　「キャリア・パスポート（仮称）」などを活用し、自らの学習状況やキャリア形成を見通したり、振り返ったりする

学びを人生や社会に生かそうとする**学びに向かう力・人間性**等の涵養

生きて働く**知識・技能の習得**

未知の状況にも対応できる**思考力・判断力・表現力**等の育成

【対話的な学び】
　子供同士の協働、教職員や地域の人との対話、先哲の考え方を手掛かりに考えること等を通じ、自己の考えを広げ深める「対話的な学び」が実現できているか。

【例】
・　実社会で働く人々が連携・協働して社会に見られる課題を解決している姿を調べたり、実社会の人々の話を聞いたりすることで自らの考えを広める
・　あらかじめ個人で考えたことを、意見交換したり、議論したり、することで新たな考え方に気が付いたり、自分の考えをより妥当なものとしたりする
・　子供同士の対話に加え、子供と教員、子供と地域の人、本を通して本の作者などとの対話を図る

【深い学び】
　習得・活用・探究という学びの過程の中で、各教科等の特質に応じた「見方・考え方」を働かせながら、知識を相互に関連付けてより深く理解したり、情報を精査して考えを形成したり、問題を見いだして解決策を考えたり、思いや考えを基に創造したりすることに向かう「深い学び」が実現できているか。

【例】
・　事象の中から自ら問いを見いだし、課題の追究、課題の解決を行う探究の過程に取り組む
・　精査した情報を基に自分の考えを形成したり、目的や場面、状況等に応じて伝え合ったり、考えを伝え合うことを通して集団としての考えを形成したりしていく
・　感性を働かせて、思いや考えを基に、豊かに意味や価値を創造していく

22

　　（出典）平成 29 年度小・中学校新教育課程説明会（中央説明会）における文科省説明資料　P.22

　この章では、アクティブ・ラーニングについて簡単に解説するとともに、アクティブ・ラーニングの視点から授業を設計したり、構成したりするときに役立つと考えられる協同学習や開発教育のアクティビティや手法とともに、様々なことを考えたり、表現したりするときに役立つロジカル・シンキングのためのシンキング・ツールとその使い方について紹介する。

1　アクティブ・ラーニングとは何か？

　アクティブ・ラーニングについては、様々な議論がある。その定義や意味づけも様々であるのが現状といえる。以下に、代表的なものを、いくつか紹介してみよう。

　中央教育審議会答申『新たな未来を築くための大学教育の質的転換に向けて』（平成24年8月28日）の用語集では、アクティブ・ラーニングを次のように定義している。

> 　教員による一方向的な講義形式の教育とは異なり、学修者の能動的な学修への参加を取り入れた教授・学習法の総称。学修者が能動的に学修することによって、認知的、倫理的、社会的能力、教養、知識、経験を含めた汎用的能力の育成を図る。発見学習、問題解決学習、体験学習、調査学習等が含まれるが、教室内でのグループ・ディスカッション、ディベート、グループ・ワーク等も有効なアクティブ・ラーニングの方法である。

　次に、教育学者の溝上慎一は、次のように定義している。

> 　一方向的な知識伝達型講義を聴くという（受動的）学習を乗り越える意味での、あらゆる能動的な学習のこと。能動的な学習には、書く・話す・発表するなどの活動への関与と、そこで生じる認知プロセス(*)の外化を伴う。

＊認知プロセスとは、知覚・記憶・言語・思考（論理的／批判的／創造的思考、推論、判断、意思決定、問題解決など）といった心的表象としての情報処理プロセスのことである。

（出典）溝上慎一（2014）『アクティブラーニングと教授学習パラダイムの転換』東信堂，p.7

Work1

> *知識伝達型講義とアクティブ・ラーニングを比較して、整理してみましょう。*

［類似している点］

・＿＿＿＿＿＿＿＿＿＿＿＿＿＿＿＿＿＿＿＿＿＿＿＿＿＿＿＿＿＿＿＿＿＿＿
・＿＿＿＿＿＿＿＿＿＿＿＿＿＿＿＿＿＿＿＿＿＿＿＿＿＿＿＿＿＿＿＿＿＿＿

［アクティブ・ラーニングの目的］

・＿＿＿＿＿＿＿＿＿＿＿＿＿＿＿＿＿＿＿＿＿＿＿＿＿＿＿＿＿＿＿＿＿＿＿
・＿＿＿＿＿＿＿＿＿＿＿＿＿＿＿＿＿＿＿＿＿＿＿＿＿＿＿＿＿＿＿＿＿＿＿

［具体的な方法等］

・＿＿＿＿＿＿＿＿＿＿＿＿＿＿＿＿＿＿＿＿＿＿＿＿＿＿＿＿＿＿＿＿＿＿＿
　＿＿＿＿＿＿＿＿＿＿＿＿＿＿＿＿＿＿＿＿＿＿＿＿＿＿＿＿＿＿＿＿＿＿＿
・＿＿＿＿＿＿＿＿＿＿＿＿＿＿＿＿＿＿＿＿＿＿＿＿＿＿＿＿＿＿＿＿＿＿＿
　＿＿＿＿＿＿＿＿＿＿＿＿＿＿＿＿＿＿＿＿＿＿＿＿＿＿＿＿＿＿＿＿＿＿＿

2　アクティブ・ラーニングに役立つヒント・Tips 集
（1）協同学習とその技法

　関田和彦（2016）は、アクティブ・ラーニングの視点からの、主体的・対話的で深い学びに向けた授業改善が求められていることを背景に「協同学習をベースにした授業改善は、そうした時代の要請に応えるものだ」と述べている。

　協同学習について、スペンサー・ケーガン（2021）は、学習すべき内容（コンテンツ）とそれをクラスメイトとともに学ぶ活動の手順あるいは技法（ストラクチャ）を組み合わせて一つの学習活動（アクティビティ）ができ、いくつかの学習活動が連なって1つの授業となると考えている。ケーガンは、協同学習が成立するストラクチャの4つの要件をあげている。

　　（1）互恵的協力関係の明確化　　（2）学習遂行上の個人の責任の明確化
　　（3）参加の平等性の確保　　　　（4）活動の同時性の確保

　以下に、具体的な技法のいくつかを紹介する。これらの技法は、次にあげるようないくつかの協同学習の基盤となる考え方に支えられている。1つめは、先に述べたような一定の要件を満たしていること。2つめは、子どもたちは協働で学ぶことでより多くのことを学ぶということ。3つめに課題の構造や枠組み・手順によって子供たちの関わり方は方向付けられ、その学びの質や量が変わるということ。

　どの技法も、以下の原則に沿って実施する。

・課題を明確にする（児童生徒が課題を十分理解していること）
・活動の流れを確認する
・活動の最初に個人思考の時間を十分にとる
・活動の際は、傾聴・ミラーリングを心がけるようにする

【傾聴】発言者と向き合い、発言を肯定的にしっかり聞く
【ミラーリング】発言者のいったことを復唱したり確認したりする
※基本的な活動の流れ

　　　課題確認 → 個人思考 → 集団思考（ペア・グループ） → 全体交流

□　技法1　シンク＝ペア＝シェア（Think　Pair　Share）

　授業でよく行われるペア学習で、協同学習における技法の基本となるものです。

✓　個人で考える時間を与えた後、ペアとなる相手との話し合いによって相互共有します。

✓　自分と他者の理解した内容を比較したり、照らし合わせたりすることによって、深く考えることになります。

✓　クラス全体に向けた発表の前に、まず、不安の少ない場において、ペアとなる相手に話すという機会を設ける活動です。

手順

準備　ペアを確認する

① クラス全体に質問を与える

② 一人で考える　　　　　　→時間配分を明示する・最低でも１分は必要

③ ペアで順番に考えを述べる→質問への答えとその理由を話すようにする

　　　　　　　　　　　　　　　○　ほぼ同じ時間を使って：平等性

　　　　　　　　　　　　　　→時間配分を明示する（延長することもある）

　　　　　　　　　　　　　　　○　ペアの考えを一致させる必要はない

④ クラス全体で話し合う　　→ペアごとに重要なポイントを発表する

応用

意見が出にくいときは、書かせる活動を取り入れて、「ライト＝ペア＝シェア」とすることもできます。

□　技法２　スリーステップ＝インタビュー（Three Step Interview）

> この技法は、子どもたちの交流の機会をつくり、コミュニケーションスキルを高めるのに役立ちます。

手順

準備　４人グループになり、その中で２つのペア（AとB、CとD）をつくります。

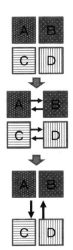

① インタビューのテーマについて自分の考え（意見）をまとめる時間をとります（１分間程度）

② AがBに、CがDにインタビューをする（STEP1）
交代してBがAに、DがCにインタビューをする（STEP2）
それぞれ、１～２分程度の時間を確保する

③ A・Bが、それぞれインタビューした内容を要約してC・Dに伝え、その後交代して、C・Dが、それぞれインタビューした内容を要約してC・Dに伝える（STEP3）

※　インタビュアは、自分の意見を言わないようにします

※　話しやすい聴き方（うなずく、あいずちをうつなど）も指導しておくとうまくいきやすいです。

□　技法3　ラウンド＝ロビン（Round　Robin）

この技法は、一人一人の平等な参加を保証したブレインストーミングで、課題（問題）について多くのアイデアを出すときに使用します。協同学習における基本的なグループ学習の技法です。

✓　決められた順序で1人が一つずつアイデアを出していきます

✓　自由にアイデアを出す形式のブレインストーミングとはちがい参加者全員に平等に発表の機会が与えられます。

✓　多様な意見を聞くことで理解が深まります

手順

準備　グループ（4名〜6名）を確認する。

① クラス全体に質問を与える

② 一人で考える　　　　　　→　時間配分を明示する・最低でも1分は必要

③ グループで順番に考えを述べる→　何巡もすることがある

　　　　　　　　　　　　　　　○　ほぼ同じ時間を使って：平等性)→時間配分を明示する

　　　　　　　　　　　　　　　○　出されたアイデアを評価したり質問したりしない

④ クラス全体で話し合う　　→　グループごとに重要なポイントを発表する

□　技法4　特派員

✓　この技法はグループを超えて意見を交換するものです。

✓　自分のグループの話し合いに加えて特派員として他のグループの意見も取り入れてさらに対話を深める技法です。

手順

準備　グループ（3名〜4名）をつくり、各メンバーに番号をふります。

① クラス全体に課題を提示します。

② 一人で考える(個人思考)

③ グループで話し合い、グループとしての答えを決めていきます。(集団思考)

④ 特派員の派遣先を指示します。

⑤ 取材の時間を指示し「スタート」の合図をします。

⑥ 特派員は、派遣先を取材します。

⑦ 報道員（自分のグループにのこる人）は、グループの意見を特派員に伝えます。

⑧「もどる」合図で、特派員は元のグループに戻り、取材結果を報告します。

⑨ さらに話し合いを深めたり、意見を整理したりします。

□ 技法5　ジグソー法

ジグソー法は、様々な学習に応用することができます。ジグソー法は、基本的に「ホームグループ」→「エキスパート活動」→「ジグソー活動」という3つのステップにそって行われます。

① ホームグループ

　4～5人程度のグループを作ります。

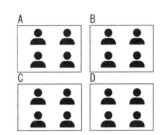

② 学習課題を提示します。その後、その課題を解決するのに必要な別々の下位課題をグループ内で1人に一つずつ割り振ります。

③ 各メンバーは、与えられた下位課題について自分の知識や考えをまとめます。

④ エキスパート活動

　与えられた下位課題が同じ者同士でグループを作ります (専門家グループ：プロフェッショナル1－4)

⑤ 専門家グループでは、与えられた下位課題についてそれぞれの知識や考えを出し合ったり調べたりして学びあい理解を深めます。

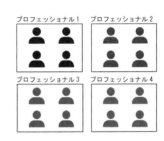

⑥「ホームグループ」に戻り、各メンバーが専門家グループで理解を深めた内容について他のメンバーに説明します。

⑦ 最後にクラス全体でホームグループでまとめた内容を交流します。

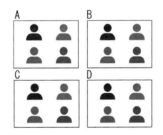

（2）ワークショップ型授業に使えるアクティビティ　～開発教育のアクティビティから～

技法1 ランキング

✓ 参加者の人数に関係なく（5人でも100人でも）できます。

✓ 選択肢の設定の仕方しだいで、どんな年代の参加者にも対応できる。大人と子どもが同時に参加することも可能です。

✓ 比較的短時間（20～40分）ででき、特別な道具がいりませんし、進行役に、とくに高度な技能が要求されません。

手順　4名〜6名程度のグループを作る

① ランキングシートと選択肢を書いた紙（付箋紙等）を配ります。

② 個人で、自分なりの理由をつけながらランキングをします。

③ グループでそれぞれの考えを共有し、グループとしての考えをまとめます。

④ グループごとに発表し、全体で検討します。

アクティビティ　食育での活用例を示します。考えてみましょう。

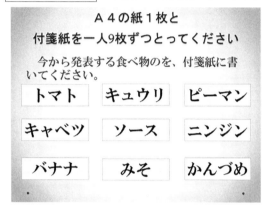
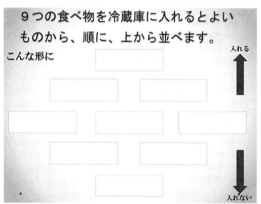

□ 技法2　フォトランゲージ

✓ 写真を見て気付いたことや考えたことを書き留めるなどして、次のようなことをねらいます。

✧ 共感的な理解や創造力を高める。

✧ 物事の多様なとらえ方に気づく

✧ 無意識のうちにもっている偏見や固定観念に気づく

✧ 情報に対する批判的な思考や新たな見方・考え方を生み出す

アクティビティの例

写真を見て、気付いたことや疑問、読みとれたこと、創造したことを書き入れて共有し、話し合う。

（注）この写真は、開発教育協会（DEAR）発行の教材です。詳細は http://www.dear.or.jp/ を参照してください。

【参考文献】

・ D.W. ジョンソン 著　石田裕久 他訳　2010　『学習の輪－学び合いの協同教育入門』　二瓶社
・ 杉江修治　2011　『協同学習入門—基本の理解と 51 の工夫』　ナカニシヤ出版
・ J. ジェイコブズ 他著　伏見久美子 他訳　2006　『先生のためのアイデアブック－協同学習の基本原則とテクニック』　日本協同教育学会
・ 関田一彦 他著　2016　『授業に生かすマインドマップ：アクティブラーニングを深めるパワフルツール』　ナカニシヤ出版
・ スペンサー・ケーガン（2021）佐藤敬一・関田一彦監訳『ケーガン協同学習入門』大学図書出版
・ 安永 悟 他著　2014　『LTD 話し合い学習法』　ナカニシヤ出版
・ 溝上慎一 他著　2016　『アクティブラーニングの技法・授業デザイン』　東信堂
・ 溝上慎一　2014　『アクティブラーニングと教授学習パラダイムの転換』　東信堂
・ 開発教育協会　2003　『開発教育実践ハンドブック—参加型学習で世界を感じる』　開発教育協会（この書籍は、開発教育協会でのみ入手可能　http://www.dear.or.jp/　開発教育協会 HP）
・ 文部科学省　H29.3 公示　「中学校学習指導要領」
・ 平成 29 年度小・中学校新教育課程説明会（中央説明会）における文科省説明資料　「新しい学習指導要領の考え方－中央教育審議会における議論から改訂そして実施へ－」
　 https://www.mext.go.jp/a_menu/shotou/new-cs/__icsFiles/afieldfile/2017/09/28/1396716_1.pdf
　 最終アクセス日　2019.12.25
・ 中央教育審議会答申　平成 24 年 8 月 28 日　『新たな未来を築くための大学教育の質的転換に向けて』用語集
　https://www.mext.go.jp/component/b_menu/shingi/toushin/__icsFiles/afieldfile/2012/10/04/1325048_3.pdf　　最終アクセス日　2019.12.25
・ 上条晴夫 他編著　2019　『一人ひとりを大切にし、学びを高める協同学習で保健の授業づくり』　健康教室増刊号. 第 70 巻第 13 号（通巻 1050 号）　東山書房

教職履修カルテ

必要な資質能力の指標				自己評価
大項目	中項目	指標	カテゴリー	4年修了時
学校教育についての理解	教職の意義	教職の意義や教員の役割、職務内容、子どもに対する責務を理解していますか。	使命感や責任感、教育的愛情	1-2-3-4-5
	教育の理念・教育史・思想の理解	教育の理念、教育に関する歴史・思想についての基礎理論・知識を習得していますか。	使命感や責任感、教育的愛情	1-2-3-4-5
	学校教育の社会的・制度的・経営的理解	学校教育の社会的・制度的・経営的理解に必要な基礎理論・知識を習得していますか。	使命感や責任感、教育的愛情	1-2-3-4-5
子どもについての理解	心理・発達論的な子ども理解	子ども理解のために必要な心理・発達論的基礎知識を習得していますか。	生徒理解や学級経営	1-2-3-4-5
	学習集団の形成	学習集団形成に必要な基礎理論・知識を習得していますか。	生徒理解や学級経営	1-2-3-4-5
	子どもの状況に応じた対応	いじめ、不登校、特別支援教育などについて、個々の子どもの特性や状況に応じた対応の方法を理解していますか。	生徒理解や学級経営	1-2-3-4-5
他者との協力	他者意見の受容	他者の意見やアドバイスに耳を傾け、理解や協力を得て課題に取り組むことができますか。	社会性や対人関係能力	1-2-3-4-5
	保護者・地域との連携協力	保護者や地域との連携・協力の重要性を理解していますか。	社会性や対人関係能力	1-2-3-4-5
	共同授業実施	他者と共同して授業を企画・運営・展開することができますか。	社会性や対人関係能力	1-2-3-4-5
	他者との連携・協力	集団において、他者と協力して課題に取り組むことができますか。	社会性や対人関係能力	1-2-3-4-5
	役割遂行	集団において、率先して自らの役割を見つけたり、与えられた役割をきちんとこなすことができますか。	社会性や対人関係能力	1-2-3-4-5
コミュニケーション	発達段階に対応したコミュニケーション	子どもたちの発達段階を考慮して、適切に接することができますか。	社会性や対人関係能力	1-2-3-4-5
	子どもに対する態度	気軽に子どもと顔を合わせたり、相談に乗ったりするなど、親しみを持った態度で接することができますか。	生徒理解や学級経営	1-2-3-4-5
	公平・受容的態度	子どもの声を真摯に受け止め、公平で受容的な態度で接することができますか。	生徒理解や学級経営	1-2-3-4-5
	社会人としての基本	挨拶、言葉遣い、服装、他の人への接し方など、社会人としての基本的な事項が身についていますか。	社会性や対人関係能力	1-2-3-4-5
教科・教育課程に関する基礎知識・技能	（_____）科	これまで履修した（_____）科教育分野の科目の内容について理解していますか。	教科等の指導力	1-2-3-4-5
	（_____）科	これまで履修した（_____）科教育分野の科目の内容について理解していますか。	教科等の指導力	1-2-3-4-5
	（_____）科	これまで履修した（_____）科教育分野の科目の内容について理解していますか。	教科等の指導力	1-2-3-4-5
	教科書・学習指導要領	教員免許状取得予定教科の教科書や学習指導要領（　　　編）の内容を理解していますか。	教科等の指導力	1-2-3-4-5
	教科書・学習指導要領	教員免許状取得予定教科の教科書や学習指導要領（　　　編）の内容を理解していますか。	教科等の指導力	1-2-3-4-5
	教科書・学習指導要領	教員免許状取得予定教科の教科書や学習指導要領（　　　編）の内容を理解していますか。	教科等の指導力	1-2-3-4-5

教科・教育課程に関する基礎知識・技能	教育課程の構成に関する基礎理論・知識	教育課程の編成に関する基礎理論・知識を習得していますか。	教科等の指導力	1-2-3-4-5
	道徳教育・特別活動	道徳教育・特別活動の指導法や内容に関する基礎理論・知識を習得していますか。	教科等の指導力	1-2-3-4-5
	総合的な学習の時間	「総合的な学習の時間」の指導法や内容に関する基礎理論・知識を習得していますか。	教科等の指導力	1-2-3-4-5
	情報機器の活用	情報教育機器の活用に係る基礎理論・知識を習得していますか。	教科等の指導力	1-2-3-4-5
	学習指導法	学習指導法に係る基礎理論・知識を習得していますか。	教科等の指導力	1-2-3-4-5
	特別支援教育（障害児教育）	発達障害や特別支援教育についての基礎的な知識を理解していますか。	教科等の指導力	1-2-3-4-5
	人権教育	人権教育に関する基礎理論・知識を習得していますか。	教科等の指導力	1-2-3-4-5
教育実践	教材分析能力	教材を分析することができますか。	教科等の指導力	1-2-3-4-5
	授業構想力	教材研究を生かした授業を構想し、子どもの反応を想定した指導案としてまとめることができますか。	教科等の指導力	1-2-3-4-5
	教材開発力	教科書にある題材や単元等に応じた教材・資料を開発・作成することができますか。	教科等の指導力	1-2-3-4-5
	授業展開力	子どもの反応を生かし、皆で協力しながら授業を展開することができますか。	教科等の指導力	1-2-3-4-5
	表現技術	板書や発問、的確な話し方など授業を行う上での基本的な表現の技術を身に付けていますか。	教科等の指導力	1-2-3-4-5
	学級経営力	学級経営案を作成することができますか。	生徒理解や学級経営	1-2-3-4-5
課題探求	課題認識と探求心	自己の課題を認識し、その解決にむけて、学び続ける姿勢を持っていますか。	生徒理解や学級経営	1-2-3-4-5
	教育時事問題	いじめ、不登校、特別支援教育などの学校教育に関する新たな課題に関心を持ち、自分なりに意見を持つことができていますか。	使命感や責任感、教育的愛情	1-2-3-4-5

【編者　略歴】

上田　喜彦　（うえだ　のぶひこ）担当章：5・6・14・15章
奈良教育大学教育学部卒業
奈良県公立小学校教諭、奈良市教育委員会学校教育課指導主事を経て、
現在、天理大学人間学部総合教育研究センター教職課程教授
学士（教育学）
専門：数学教育学、教育方法学、数学教育におけるメタ認知の研究
主な著書：
『算数の授業で「メタ認知」を育てよう』　日本文教出版　（共著）
『中学校数学「ＰＩＳＡ型学力」に挑戦！　Ｂ問題対策と「学力向上」』　日本教育研究センター（共著）

仲　淳　（なか　あつし）担当章：はじめに・1・3・4章
京都大学大学院教育学研究科臨床教育学専攻博士後期課程単位取得満期退学
現在、天理大学人間学部総合教育研究センター教職課程教授、臨床心理士、公認心理師
修士（臨床教育学）
専門：臨床心理学・教育心理学
主な著書：
『こどものこころが見えてくる本』あいり出版（単著）
『心理臨床と宗教性』創元社（共著）
『たましいの心理臨床』木立の文庫（共著）

【著者　略歴】

須永　哲思　（すなが　さとし）担当章：2章
京都大学大学院教育学研究科教育科学専攻博士後期課程修了
現在、天理大学人間学部総合教育研究センター教職課程専任講師
博士（教育学）
専門：近現代日本教育史
主な著書：
『桑原正雄の郷土教育─〈資本の環〉の中の私達』　京都大学学術出版会（単著）
『生活綴方で編む「戦後史」─〈冷戦〉と〈越境〉の1950年代』　岩波書店（共著）

金山　元春　（かなやま　もとはる）担当章：7・8・9章
広島大学大学院教育学研究科博士課程後期教育人間科学専攻修了
現在、天理大学人間学部総合教育研究センター教職課程教授
博士（心理学）
専門：生徒指導、教育心理学・学校心理学・カウンセリング心理学
主な著書：
『生徒指導・進路指導の理論と方法─コアカリキュラム対応』北樹出版（共著）
『不登校の予防と対応』図書文化社（共著）

『学校現場で役立つ教育相談―教師をめざす人のために』北大路書房（共著）

竹村　景生　（たけむら　かげき）担当章：10・11 章
大阪府立大学大学院人間社会学研究科博士後期課程人間科学専攻（心理教育）単位取得満期退学
奈良教育大学附属中学校教諭を経て、
現在、天理大学人間学部 総合教育研究センター教職課程教授
修士（教育学）
専門：教育学（総合・特別活動・ホリスティック教育・生徒指導）、教育ツーリズム、数学教育
主な著書：
『ホリスティック教育ライブラリ①「日本のシュタイナー教育」』せせらぎ出版（共著）
『ホリスティック教育ライブラリ②「ホリスティックな気づきと学び」』せせらぎ出版（共著）
『ホリスティック教育ライブラリ⑧「持続可能な教育と文化」』せせらぎ出版（共著）

松枝　拓生　（まつえ　たくお）担当章：12 章
京都大学大学院教育学研究科臨床教育学専攻博士後期課程修了
現在、天理大学人間学部総合教育研究センター教職課程非常勤講師
博士（教育学）
専門：教育哲学
主な論文：
『「紋切り型との闘い」―ドゥルーズ思想における人間形成論』博士学位論文（単著）

冨田　稔　（とみた　みのる）担当章：13 章
大阪市立大学大学院創造都市研究科都市政策専攻修了
現在、天理大学人間学部総合教育研究センター教職課程非常勤講師
修士（都市政策）
専門：同和教育論、人権教育論、在日朝鮮人教育実践論、道徳教育実践論、人権行政政策。
日本社会教育学会正会員、日本社会臨床学会正会員。
主な著書：
『教職のための課題探求によるアクティブラーニング』ナカニシヤ書店（共著）

教職実践演習（中・高）ハンドブック

2022 年 11 月 7 日　初版　第 1 刷　発行　　　　　　定価はカバーに表示しています。

編　者　　上田喜彦・仲　淳
発行所　　（株）あいり出版
　　　　　〒 600-8436　京都市下京区室町通松原下る
　　　　　　　　　　　元両替町 259-1　ベラジオ五条烏丸 305
　　　　　電話／ＦＡＸ　075-344-4505　http://airpub.jp/
発行者　　石黒憲一
印刷／製本　モリモト印刷（株）

©2022　ISBN978-4-86555-105-1　C3037　Printed in Japan